진료실에서 만나는
논어 論語

진료실에서 만나는 논어論語

초판 1쇄 발행 2024. 11. 18.

지은이 황영훈
펴낸이 김병호
펴낸곳 주식회사 바른북스

편집진행 황금주
디자인 양헌경

등록 2019년 4월 3일 제2019-000040호
주소 서울시 성동구 연무장5길 9-16, 301호 (성수동2가, 블루스톤타워)
대표전화 070-7857-9719 | **경영지원** 02-3409-9719 | **팩스** 070-7610-9820

• 바른북스는 여러분의 다양한 아이디어와 원고 투고를 설레는 마음으로 기다리고 있습니다.
이메일 barunbooks21@naver.com | **원고투고** barunbooks21@naver.com
홈페이지 www.barunbooks.com | **공식 블로그** blog.naver.com/barunbooks7
공식 포스트 post.naver.com/barunbooks7 | **페이스북** facebook.com/barunbooks7

ⓒ 황영훈, 2024
ISBN 979-11-7263-834-4 03190

• 파본이나 잘못된 책은 구입하신 곳에서 교환해드립니다.
• 이 책은 저작권법에 따라 보호를 받는 저작물이므로 무단전재 및 복제를 금지하며,
이 책 내용의 전부 및 일부를 이용하려면 반드시 저작권자와 도서출판 바른북스의 서면동의를 받아야 합니다.

진료실에서 환자들과 함께 바라본 논어의 의미

진료실에서 만나는 논어 論語

황영훈 지음

좋은 의사란 무엇인지, 어떻게 환자를 대하고,
수술 스트레스를 이겨내고, 공부하고, 번아웃을 극복하고,
나만의 행복을 찾아갈 수 있을지, 논어에서 길을 찾다.

바른북스

이야기를 시작하며,
'나만의 논어' 만들기

본과 실습생 시절 나를 설레게 하던 빛나는 새하얀 **'가운의 멋'**은 어느덧 희미한 추억 속의 이야기가 되어버렸고 이제는 물을 잔뜩 머금은 솜으로 만든 듯 숨 막히는 **'가운의 무게'**에 허덕이며 살고 있습니다. 아프고, 예민하고, 걱정 많고, 마음 급한 환자들을 마주하는 것은 피곤하고, 나의 손끝에 누군가의 인생이 걸려 있다는 사실은 부담스럽고, 훌륭한 연구자들의 부단한 노력으로 탄생한 의약품보다 '아는 사람'에게 들은 민간요법을 더 중요하게 생각하고, 어려운 수술을 통해 실명의 위기를 무사히 넘겨도 눈에 뻑뻑한 느낌이 든다고 수술이 잘못되었다고 생각하는 환자들을 대할 때는 답답하고 억울하기도 합니다. 시간이 흐를수록 점점 자신감과 성취감은 줄고, 주위를 둘러보니 다들 자기 갈 길 열심히 잘 가고 있는데 나만 뒤처지는 것 같습니다. 그렇게 피곤하고, 부담스럽고, 답답하고, 억울하고, 초조한 마음이 반복되다 보니 점점 길을 잃어가는 느낌입니다.

왜 이렇게 되었을까 돌이켜 보니 학창 시절부터 지금까지 당장 눈앞에 닥친 일을 해결하기도 벅차 과연 내가 무엇을 좋아하는지, 무엇을 하고 싶은지, 무엇을 잘하는지, 내가 되고 싶은 '좋은 의사'란 무엇인지, 그러려면 환자를 어떻게 대해야 할지, 수술 스트레스를 어떻게 이겨내야 할지, 학생 이후의 공부는 어떻게 해야 좋을지, 번아웃에 빠졌을 때 어떻게 극복해야 할지, 매일 반복되는 지겨운 일상에서 어떻게 즐거움을 찾을 수 있을지, 주위에 상관없이 나만의 행복을 어떻게 일구어 갈 수 있을지 나 스스로 생각할 기회가 별로 없었습니다.

이 이야기는 바로 그런 상황에서 **'논어'를 통해 나만의 길을 찾아가는 과정**을 담고 있습니다. 논어는 지금으로부터 약 2,500년 전에 공자(기원전 551년에서 기원전 479년)와 그의 제자들이 나눈 이야기를 담은 책입니다. 논어는 받아들이는 사람의 마음에 따라 '옛날 사람들의 고리타분한 뜬구름 잡는 이야기'가 될 수도 있고 '지금 이 순간에도 살아 있는 생활 속 친근한 이야기'가 될 수도 있습니다.

'수천 년 전 다른 사람의 이야기'를 '지금 나의 이야기'로 받아들이기 위해서는 이전 사람들이 덧대어 만든 '이건 이래야 한다', '이건 이렇게 하면 안 된다'는 해석에서 과감히 벗어나 논어에 나오는 단어, 배경, 등장인물을 지금 나의 상황에 맞게 재구성해 보는 것이 도움이 됩니다. 약간의 상상력을 발휘해서 논어의 배경을 '현재의 진료실과 수술방'으로, 공자를 '지도 교수님', 제자들을 '의대생과 전공의, 그리고 나'로, 훌륭한 사람을 뜻하는 단어인 '군자'를 '좋은 의사'로 바꿔 생각해 보면 '교과서에서나 잠깐 봤던 남의 이야기라 생각한 논어'가 **나만의 논어**로 새롭게 탈바꿈하게 됩니다.

논어의 핵심은 실생활에서 어떻게 생각하고, 말하고, 행동할지 그 방향을 제안하는 **'실천적 지혜(practical wisdom)'**라고 생각합니다. 그러다 보니 복잡하고 어려운 말보다는 일상생활에 바로 활용 가능한 간단명료한 이야기가 많습니다. 의학서적으로 비유하자면 진료실에서 궁금한 부분이 있을 때 바로 찾아보고 적용할 수 있는 '임상 매뉴얼' 같은 존재입니다. 그 핵심이 대부분 몇 글자 내에 함축되어 있기 때문에 별생각 없이 보면 지나치기 쉽지만 답을 찾으려는 사람에게는 명쾌하고 간결한 '인생 단어'가 될 수도 있습니다. 그래서 논어에는 글자 하나하나 천천히 생각하며 보물 같은 숨겨진 답을 발견하는 묘미가 있습니다. 사실 논어의 모든 부분을 너무 진지하게 받아들일 필요는 없다고 생각합니다. 어차피 우리에게 논어는 시험 범위가 정해져 있는 책이 아니니 편안한 마음으로 별 느낌 없는 부분은 그냥 넘기고 공감되는 부분만 잘 받아들여도 충분히 훌륭한 '나만의 논어'가 되지 않을까 싶습니다.

아무쪼록 제 이야기가 좋은 의사를 꿈꾸는 여러분들께 조금이나마 생각의 거리가 되어드렸으면 합니다. 그리하여 혹시나 흔들릴 때, 지칠 때, 길이 보이지 않을 때, 논어 속 이야기가 저 자신을 비롯한 누군가에게 조금이나마 힘이 될 수 있다면 더 바랄 것이 없겠습니다.

2024년 가을
황영훈

| 목차 |

이야기를 시작하며, '나만의 논어' 만들기

의사의 화두, 편안할 안   11

   스스로 편안한 의사 되기   14
   평온한 마음 가지기   17
   부드럽고 유연한 태도 가지기   23
   깨어 있기(감정 살피기, 지식–감정–몸의 균형 잡기)   28

진료실 작은 습관, 공감할 서   33

   공감과 이해의 첫 번째 요소: 관심(이야기 잘 듣기)   37
   공감과 이해의 두 번째 요소: 해석(진단 앞에 단어 더하기)   40
   공감과 이해의 세 번째 요소: 표현(따라 하기, 질문하기)   45
   공감과 이해의 어려움   49

책에서 길을 찾다, 학이불사즉망   59

   세상을 보는 창   61
   생각의 성장인자   64
   인생의 길잡이   69

자신을 이겨내기, 극기복례   73

   타성 이겨내기   75
   유혹 이겨내기   84
   실패 이겨내기   88

수술방 주문, 무욕속 무견소리 과유불급   98

   급한 마음 다스리기, 무욕속   101
   작은 것에 말려들지 않기, 무견소리   107
   욕심 이겨내기, 과유불급   109

공부의 즐거움, 위기지학 호학자   114

공부의 첫 번째 의미: 성장인자 ……………………………………… 116
즐거운 공부 (1): 수술 공부 …………………………………………… 119
즐거운 공부 (2): 임상 연구 …………………………………………… 123
공부의 두 번째 의미: 몰입의 즐거움 ………………………………… 131
공부의 함정 …………………………………………………………… 137

번아웃을 만나면, 불혹   146

번아웃의 원인: 피로와 자괴감 ………………………………………… 149
피로 이겨내기: 휴식, 절약, 그리고 충전 ……………………………… 152
자괴감에서 벗어나기: 비워내고 새롭게 채워 넣기 ………………… 157
성취 후의 허탈 ………………………………………………………… 164
길 위에서 풍요롭기 …………………………………………………… 170

환자는 나의 거울, 환부지인야   174

즐겁게 진료하기, 락지자   184

첫 번째 방법: 실력 키우기 …………………………………………… 187
두 번째 방법: 의미 찾기 ……………………………………………… 189
세 번째 방법: 그냥 하기 ……………………………………………… 196

함께 가는 길, 성인지미   199

전공의, 의대생과 함께하기 …………………………………………… 202
병원 구성원들과 함께하기 …………………………………………… 206

나답게 살기, 사부주피   212

나의 능력 파악하고 받아들이기 ……………………………………… 216
경험하고 성취하기 …………………………………………………… 219
나만의 가치관 찾기 …………………………………………………… 221
유연한 마음 …………………………………………………………… 224

이야기를 마치며, 일이관지

의사의 화두,
편안할 안

좋은 의사를 꿈꾸지 않는 의사는 없을 거라 생각합니다. 그런데 막상 좋은 의사가 무엇인지 떠올려 보면 명확하게 이야기하기 쉽지 않습니다. 학생과 전공의 시절에는 자연스럽게 주위 선배나 교수님들을 바라보며 좋은 의사의 상을 떠올려 보고, 때로는 소설이나 영화 속 의사의 모습을 보며 영감을 얻기도 합니다. 환자에게 인기 많은 의사, 수술 잘하는 의사, 진료 실적이 높은 의사, 찬란한 경영 성과를 이루어 낸 의사, 연구 업적이 뛰어난 의사, 병원과 학회에서 중요한 보직을 맡은 의사, 그리고 봉사활동에 활발한 의사. 저도 예전에는 '무엇인가에 뛰어난 의사가 좋은 의사'라 생각했는데 시간이 흐를수록 그것만으로는 허전함이 남는다는 생각이 듭니다.

어디선가 듣고 배운 정의 말고 '내가 생각하는', '나에게 현실적으로 맞는' 좋은 의사의 정의는 무엇일까요? 지금 누군가 저에게 어떤 의사가 좋은 의사라고 생각하는지 물어본다면 논어에 나오는 이 구절을 가장 먼저 떠올릴 것 같습니다. 공자의 제자인 자로가 이상적인 사람의 모습인 군자에 대해 묻자 공자가 한 말입니다.

(군자는) 자기를 수양하여 다른 사람들을 편안하게 해준다.
(修己以安人 수기이안인)

이 문장에서 '군자'를 '좋은 의사', '다른 사람'을 '환자'로 바꾸면 **'좋은 의사는 자기 자신을 수양하여, 환자를 편하게 해주는 사람'**이 됩니다. 많은 의사들이 좌우명으로 삼은 "가끔은 완치되게 하고, 종종 불편함을 덜어주고, 항상 편안하게 해준다(To cure sometimes, to relieve often, to comfort always)."는 문구에서도 역시 **'편안(comfort)'**이 가장 중요합니다.

'논어' 하면 '인(仁)'이나 '예(禮)' 같은 단어가 가장 먼저 떠오르겠지만 사실, 그 못지않게 자주 등장하는 글자가 바로 '편안할 안(安)'입니다. 논어에 나오는 또 다른 구절입니다.

그 사람이 하는 행동을 보고

(視其所以 시기소이)

그 사람이 지나온 길을 들여다보고

(觀其所由 관기소유)

그가 편안하게 여기는 것을 살펴본다면

(察其所安 찰기소안)

그 사람을 제대로 알 수 있다.

(人焉廋哉 인언수재)

그 사람의 행동(증상과 징후)을 보고, 지나온 길(과거력)을 보고, 편안하게 여기는 것(치료 목적과 반응)을 잘 살피는 것. 가만히 내용을 들여다보면 의사가 하는 일과 같습니다. 여기서도 핵심은 '편안하게 여기는 것을 살펴보는 것(찰기소안)'입니다.

그래서 저는 좋은 의사의 핵심 요소는 '편안할 안'이라 생각합니다. '편안하다'라는 말에는 여러 의미가 있어서 ① 의사 입장에서 '의사 본인이 편안하다'는 면(평온), ② 환자 입장에서 '대하기 편하다'는 면(공감과 이해), ③ 의사와 환자 모두의 입장에서 '치료가 잘되어서 편안해졌다'는 면(치료의 목적과 결과)으로 나누어 생각할 수 있습니다.

스스로
편안한 의사 되기

어떻게 하면 '편안한 의사'가 될 수 있을까요? 그 시작도 역시 논어에서 찾아봅니다.

자기 자신을 바로잡는다면 사람을 이끌 때 무슨 문제가 있겠는가?
(苟正其身矣 於從政乎何有 구정기신의 어종정호하유)
자기 자신을 바로잡지 못한다면 어떻게 남을 바로잡겠는가?
(不能正其身 如正人何 불능정기신 여정인하)

'누군가를 바로잡으려면 나 자신부터 바로잡아야 한다'는 말을 조금 바꿔 생각하자면 '(의사인) 내가 아픈데 어떻게 다른 사람을 치료하겠는가?', '(의사인) 내가 편안하지 못한데 어떻게 환자를 편안하게 하겠는가?'로 생각할 수 있습니다. 그래서 '환자를 편하게 해주는 의사'가 되려면 먼저 '스스로 편안한 의사'가 되어야 합니다. 비행기를 탈 때마다 듣는 '비상상황 발생 시 주위 사람을 돕기 전에 먼저 자신의 산소마스크를 착용하라'는 말은 진료실에서도 그대로 적용할 수 있습니다. 그저 막연한 이야기라 생각할 수 있지만 의학에서 중요하게 생각하는 '근거중심(evidence-based)'의 관점에서 살펴보더라도 '스스로 행복한 의사에게 치료받은 환자의 치료 결과가 더 좋았다'는 연구 결과가 오래전부터 여러 학술지에 발표되고 있습니다.

그렇다면 우리 주변에 '스스로 편안한 의사'라고 불릴만한 사람이 누가 있을까요? 진료과장, 병원장, 학회장, 학장, 총장이 되면, 돈을 얼마 벌면, 논문을 몇 편 쓰면, 무슨 상을 받으면, 방송에 몇 번 출연하면, 제자를 몇 명 키워내면 편안해질까요? 사회적인 지위, 경제적인 수준, 주위 환경, 가정과 직장의 분위기, 몸 상태도 영향을 주겠지만 그런 것들은 어느 정도 수준을 넘어서면 그때부터는 의미가 희석되는 것 같습니다. 예를 들어, 전공의 시절에는 교수님이나 위 연차 전공의보다 낮은 지위에, 경제적으로 여유롭지 못하고, 스스로 원해서 하기보다는 필요해서 당장 급하게 해야 하는 일이 많고, 기술적으로 서툴고, 모르는 것도 많고, 열악한 환경에서 제대로 먹고 자고 씻지 못하고 지내는 경우가 많지만 전문의가 되고 어느 정도 자리를 잡게 되면 눈치 볼 사람이 줄고, 수술 과정이 익숙해지고, 전문 지식이 쌓이고, 주위 환경이 더 여유로워집니다. 혹시 지금 당장은 그러하지 못하더라도 모든 것을 얻으려는 욕심을 줄인다면 스스로 원하는 방향으로 상황을 이끌어 갈 수 있는 기회가 더 많아집니다. 결국 시간이 흐를수록 '편안한 의사'를 결정짓는 데 점점 더 중요한 역할을 하게 되는 것은 외부 환경보다는 '마음의 평온'이 아닌가 싶습니다.

평온한 마음 가지기

평온이라 하면 조용하고, 편안하고, 느긋한 상태를 떠올리기 쉽지만 아무것도 하지 않고 가만히 있는 상태에서 느낄 수 있는 수동적이고 정적인 상태의 평화는 **'살얼음'** 같아서 조그만 자극에도 쉽게 깨지기 마련입니다. 오히려 평온은 다양한 경험과 끊임없는 단련을 통해서 얻어지는 **'굳은살'** 같은 존재인 것 같습니다. 그래서 평온하기 위해서는 고난과 그것을 이겨낸 과정이 있어야 합니다. 예를 들어, 수술 중 평온을 유지하기 위해서는 처음부터 어려운 수술은 피하기보다는 수술 중 예상하지 못한 어떤 일이 생겨도 당황하지 않고 차분하게 대처할 수 있도록 폭넓게 경험하고 공부하는 과정이 필요합니다. 그렇게 해서 얻어진 평온은 긴장되고, 정신없이 바쁘고, 괴로운 상황에서 흔들리지 않게 중심을 잡아주는 역할을 합니다. 채근담에 나오는 이야기입니다.

고요함 속의 고요함은 참다운 고요함이 아니니
바쁜 가운데서도 고요함을 얻을 수 있어야 참된 경지이다.
(靜中靜非眞靜 動處靜得來 纔是性天之眞境 정중동비진정 동처정득래 재시성천지진경)
즐거움 속의 즐거움은 참다운 즐거움이 아니니
괴로운 가운데서도 얻을 수 있는 즐거움이 참된 즐거움이다.
(樂纔樂非眞樂 苦中樂得來 纔見心體之眞機 낙처락비진락 고중낙득래 재견심체지진기)

평온한 상태에 도달할 때까지 괴로운 순간도 많습니다. 본인이 원하는 대로 입원시켜 주지 않는다고 응급실에서 술에 취한 조폭 환자에게 맞아보기도 하고, 수술 후 결과가 만족스럽지 못하다고 진료실 물건을 던지고 부수는 환자의 살기 어린 눈빛도 보고, '황 선생이 수술할 때 내 시신경 다 잘라먹었다'는 생각에 사로잡혀서 수시로 찾아와서 따지는 억울한 상황, 교통사고 이후에 눈이 안 보인다고 주장하며 각종 진단서를 요구하더니 결국 보험사기로 기소된 환자 때문에 경찰 수사에 엮이는 난처한 상황, 올 때마다 공책에 걱정거리를 빼곡히 써 와서 확인하고, 또 확인하고, 겨우 진료실 나

갔다가 또 들어오고, 집에 가던 길에 다시 와서 확인하고, 병원에 수시로 전화해서 담당 의사와 통화를 요구하는 숨 막히는 상황, 그 동안 병원에 한 번도 나타나지 않던 보호자가 어느 날 갑자기 나타나서 의료사고 어쩌고 하면서 돈을 요구하는 황당한 상황, 정말 열심히 노력했는데 결과가 좋지 않다고 의료분쟁조정이나 소송을 당하는 서운한 상황을 겪다 보면 그 순간은 힘들지만 시간이 흐르고 보니 그때의 경험 덕분에 이후에 어려운 순간들이 찾아왔을 때 상황을 빨리 판단하고 대처할 수 있는 안목이 생겼던 것 같습니다. 그래서 가능하다면 의사 초년생 시절에는 다양한 상황을 마주해 보는 것이 좋습니다. 그때는 힘들고, 억울하고, 답답하고, 황당해도 지나고 보니 그렇게 소중한 자산이 또 있을까 싶습니다. 물론 힘든 경험을 많이 한다고 꼭 강해지는 것은 아닙니다. 누군가에게는 반복되는 상처가 굳은살이 되지만 또 다른 누군가에게는 그저 더 깊은 상처가 되기만 할 수도 있습니다. 그래도 그런 경험이 있다면 다른 어려움이 닥쳤을 때 무방비 상태로 당하지 않고 현명하게 미리 피하거나 대처할 수 있는 가능성을 더 높일 수 있습니다.

병원 일만 해도 버거운데 세상이 나를 내버려두지 않습니다. 다음 날 중요한 수술이 있어서 컨디션 관리 잘하고 일찍 잠들었는데 하필 모기 때문에 여러 번 깨느라 밤새 잠을 설쳐버리기도 하고, 중요한 학회 발표 하는 날 하필 아이가 열이 나거나, 어딘가를 다치거나, 열심히 만든 발표자료가 날아가 버리거나, 컴퓨터가 악성 코드에 감염되거나, 정전이 되거나, 홍수가 나거나, 병원 천장이 무너지거나, 장비가 고장 나거나, 직원 누군가 갑자기 그만둔다고 하거나, 자동차가 고장 나거나, 지하철역에서 누군가 시위나 파업을 하거나, 기차가 탈선되거나, 정부나 기관에서 무리한 정책을 갑자기 추진하거나, 주변 나라에서 무력으로 위협을 가하는 상황까지 크고 작은 사건이 언제 어디서든 생길 수 있습니다.

> 오늘 일어날 수 없는 일은 아무것도 없다.
> (There's nothing that cannot happen today.)
> — 마크 트웨인(Mark Twain)

평온이란 이런 황당한 상황에서도 전혀 흔들림 없이 고고하게 버티는 것이 아니라 '왜 나에게 이런 일이?' 하면서 부정하거나 원망하고 있을 시간을 줄이고 빨리 받아들일 수 있는 상태입니다. 화가 나거나 우울할 때, 당장 화를 가라앉히거나 우울에서 벗어나기는 어렵더라도 적어도 그런 나를 알아차리고 순간의 감정에 휘말려 일을 그르치지 않는 것만 해도 훌륭한 평온의 경지인 것 같습니다.

당신의 뜻대로 일이 일어나기를 바라지 마라.
그 대신 일이 일어나야 하는 대로 일어나기를 바란다면
당신의 인생은 유연하게 흘러갈 것이다.
(Seek not for events to happen as you wish but rather wish
for events to happen as they do and your life will go smoothly.)

— 에픽테투스(Epictetus)

지금까지 제가 본 가장 훌륭한 '평온'의 정의는 스웨덴 출신의 수행자인 비욘 나티코 린데블라드(Bjorn Natthiko Lindeblad)가 《내가 틀릴 수도 있습니다》라는 책에서 이야기한 **'부드럽고 총명하며 깨어 있는 상태'**라는 구절입니다(비욘 나티코 린데블라드 지음. 박미경 옮김. 내가 틀릴 수도 있습니다. 다산 초당. 219). 제 나름대로 의미를 풀어보자면 ① '부드럽다'라는 것은 '유연한 태도'를 가진 상태로 특히 상대방과 의견이 부딪힐 때, 화가 나거나, 우울할 때 감정에 휘말리지 않고 차분하게 상황을 바라보게 해주는 역할을 합니다. ② '총명하다'라는 것은 폭넓은 지식과 경험이 쌓인 상태로 생각의 중심과 방향을 잡아주는 역할을 합니다. ③ '깨어 있다'라는 것은 스스로를 한 걸음 떨어진 입장에서 바라보고, 나의 감정, 지식, 몸의 상태를 계속 체크해서 어느 한쪽이 너무 부족하거나 넘치지 않게 균형을 잡아주는 역할을 합니다. 이 세 가지 요소 중 공부와 경험을 통해서 '총명한 상태'를 유지하는 것은 의사에게 상대적으로 익숙하지만 반대로 그렇게 지식과 경험이 쌓일수록 지키기 어려운 것이 '부드럽고 유연한 태도'와 '깨어 있는 상태'인 것 같습니다.

부드럽고 유연한
태도 가지기

부드럽고 유연한 태도에 가까워질 수 있는 가장 효율적인 방법은 비욘 나티코 린데블라드가 이야기한 "내가 틀릴 수 있습니다(I may be wrong)."라는 주문을 언제나 떠올리는 것이 아닐까 싶습니다.

'내가 틀릴 수 있다', '바람에 걸리지 않는 그물처럼 나를 비우고', '내가 모르는 사정이 있을지 모른다'는 태도를 가지게 되면 조금 더 부드럽고 유연한 마음을 가지게 됩니다. 예를 들어, 본인이 원하는 대로 진단서를 써주지 않아서 보험금을 못 받게 되었다고 화를 내는 환자를 만나면 우선 'I may be wrong. 혹시 내가 틀렸나? 진짜 환자가 주장하는 진단명(어떤 사건과 질병과의 관련성)이 있을 가능성은 없는지' 다시 생각해 보고, '환자 입장에서는 나의 진단이 틀렸다고 생각할 수도 있겠구나'라는 생각도 떠올려 보고, '환자가 지금 나에게 화를 내는 건 내가 뭔가를 잘못했거나 나를 미워해서라기보다는 단지 그 자리에 내가 있기 때문'이라고 나를 비워보고, '저렇게 절박하게 돈을 필요로 하는 나름의 사정이 있지도 모르겠다'는 생각도 해봅니다. 그렇다고 문제가 갑자기 해결되지는 않겠지만 그런 태도가 습관이 되면 나의 감정 소모를 줄일 수 있고, 덕분에 감정에 휩말려서 일이 더 복잡해지는 것을 막을 수 있습니다.

 진료실에서 열심히 설명 중인데 환자가 자꾸 말을 끊고 자기 이야기를 한다면 기분이 즐겁지는 않습니다. 그럴 때도 가장 먼저 'I may be wrong, 혹시 내가 설명을 잘 못하고 있는지'부터 생각해 봅니다. 설명 중 사용한 단어가 너무 어려웠을 수 있고, 상황 자체가 한 번에 이해하기 어려운 것일 수도 있고, 나의 목소리나 표정이 지쳐 있어서 지겹게 들렸을 수도 있습니다. '내가 모르는 사정이 있을지 모른다'는 생각도 해봅니다. 환자가 중간 과정 필요 없이 빨리 결말을 알고 싶은 급한 성격의 사람일 수 있고, 지금 이야기는 이미 다른 병원에서 들어서 결론만 확실하게 알고 싶을 수도 있습니다. 어쩌면 병원만 오면 긴장해서 하고 싶은 말을 못 하는 소심한 성격이라 미리 생각해 온 질문거리를 잊어버릴까 봐 불안해서 떠오르는 대로 참지 못하고 먼저 이야기하는 것일 수도 있습니다.

 의사가 처방한 약을 써서 오히려 상태가 나빠졌다고 생각하는 경우도 종종 있습니다. 의사 입장에서 억울하고 답답하지만 이때도 첫 번째 생각은 'I may be wrong. 내가 찾지 못한 정말 나빠진 부분이 있는지(보통 진단을 내리고 나면 그것에만 집중하기 쉬우니까)', '내가 모르는 약의 부작용이 있는지(내가 모른다고, 책이나 논문에 없다고 아예 없는 것은 아니니까)', 그리고 '내가 모르는 나름의 사정이 있는지' 떠올려 보는 것입니다. 눈꺼풀에 다래끼가 자주 나서 항생제 안연고를 종종 사용하는 환자가 있었는데 주성분이 같은 여러 연고 중에서 유독 한 종류의 연고를 사용하면 피부 부작용이 생겨서 왜 그런지 찾아봤더니 부성분으로 소량 함유된 물질 중에서 다른 연고에는 없는 성분 때문이라는 것을 환자 덕분에 알게 되기도 하고(보통 약품의 주성분 외에 다른 성분까지 모두 찾아보기는 어려우니까), 천식 있던 환자가 새로운 안약을 쓰고 다음 날 기침이 심해져서 안약 때문이라고 생각했는데 알고 보니 하필 그때 날씨가 추워져서 그랬던 경우도 있고, 안약을 사용하고 나서 눈이 가려워서 그게 안약 때문이라고 생각했는데 안약을 중단해도 계속 가렵길래 다시 알아봤더니 얼마 전에 바꾼 고혈압 약 때문인 경우도 있고, 주위 가족이나 친구들이 약에 관한 오해를 부추기고 있을 가능성도 생각할 수 있습니다.

"혹시 고혈압 있으세요?"라는 질문에 진료실에서는 없다고 했는데 나중에 알고 보니 혈압약을 몇 년째 복용하고 있는 경우도 자주 만나게 됩니다. 이때도 '환자가 나를 속였다', '환자가 병에 대해서 잘 못 알고 있다'고 생각하기보다는 'I may be wrong. 의사가 생각하는 '없다(진단을 받은 적이 없는, 검사에서 괜찮은)'와 환자가 생각하는 '없다(약으로 조절되고 있어서 이제는 높지 않은)'의 정의가 다를 수 있겠다'고 이해하는 태도가 도움이 됩니다. 어쩌면 의사는 '의학의 세계'에서 '의학 용어'를 사용하며 '과학적 근거'에 사로잡혀 제한된 시선으로 세상을 보고 있는지도 모릅니다. 그저 '다른 것'을 '틀린 것'으로 단정짓지 않고, 같은 단어라도 사람에 따라 정의가 다를 수 있고, 같은 현상을 나타내는 표현도 사람에 따라 다를 수 있다는 사실을 항상 떠올리면 좋습니다.

꼭 진료실이 아니더라도 언제 어디서든 불쾌한 순간이 불쑥 찾아옵니다. 아침 출근길, 붐비는 지하철을 탔는데 옆에 서 있는 사람이 자꾸 어깨를 부딪칩니다. 처음엔 그러려니 했는데 지하철이 흔들릴 때마다 계속 부딪치더니 결국엔 휘청하면서 발도 밟습니다. 점점 불쾌한 기분이 들기 시작합니다. '아침부터 술에 취했나', '자리를 옮길까' 하다가 어느덧 목적지에 도착했고 마침 같은 역에서 내리게 되었는데 그 사람이 접혀 있던 시각장애인용 하얀 지팡

이를 펴고 바닥의 표식을 더듬으며 길을 찾아가는 모습을 보는 순간, 불쾌한 감정이 순식간에 사라져 버렸습니다. 오히려 '명색이 안과의사인데 그 사정을 왜 미리 파악하지 못했을까' 하는 생각이 들었습니다. 그런 상황에서 불필요한 감정에 사로잡히지 않으려면 차라리 빨리 자리를 피하거나, 그게 어렵다면 생각을 바꿔보는 것이 좋은 방법입니다. 특히, '내가 틀릴 수 있다', '나를 비우고', '내가 모르는 사정이 있을지 모른다'는 생각을 하는 습관이 들면 감정에 휘말리는 것을 줄일 수 있습니다. 강 위에서 배를 타고 가는데 다른 배가 와서 부딪힌 상황에서 상대 배에 누군가 타고 있었다면 그 사람에게 "운전을 왜 그렇게 하냐?" 하고 화를 내겠지만, 상대 배가 빈 배였다면 누군가에게 화를 내거나 누굴 탓하지 않고 그저 '부딪혔네'하고 차분하게 넘기게 된다는 장자(莊子)에 나오는 이야기를 떠올려 보며 언제 어디서든 불쑥 찾아올 수 있는 상황들을 **'빈 배'**로 받아들이려 노력해 봅니다.

깨어 있기
(감정 살피기, 지식-감정-몸의 균형 잡기)

하지만 부드럽고 유연한 마음을 가지는 것이 말처럼 쉽지 않고, 상황이 머리로는 이해가 된다 하더라도 진료 중에 생긴 슬픔, 분노, 원망, 실망, 억울함, 답답함, 안타까움, 수치심, 자괴감, 배신감, 허탈 같은 감정을 다스리는 것은 힘겨운 일입니다. 부드럽고 유연한 상태라면 충격이 상대적으로 줄겠지만 그래도 피해가 전혀 없기는 어렵습니다. '빈 배'에 부딪힌다고 배가 망가지지 않는 것은 아니듯. 다른 환자를 볼 때도, 밥을 먹을 때도, 집에서도 문득 환자의 분노한 모습과 보호자에게 들었던 거친 말이 계속 떠오르고, '그때 이렇게 했어야 했는데', '다음에 만나면 어떻게 하지' 끊임없이 떠오르는 생각과 무거운 마음을 떨쳐내기 어렵습니다.

이런 감정들에 압도되어 상황을 더 악화시키지 않기 위해서 필요한 것이 나의 감정 상태를 객관적으로 바라보고, 감정의 상태가 지식이나 몸의 상태에 비해서 너무 소외되거나 넘치지 않게 조절해 주는 '깨어 있는 상태'입니다. 돌이켜 보면 지식을 관리하기 위해서 휴일에도 열심히 학회장 다니면서 기꺼이 공부나 경험을 쌓는 것을 당연하게 생각하고, 몸을 관리하기 위해서 운동하고, 식단 관리도 열심히 하면서, 막상 자기 감정 상태를 들여다보고 가꾸는 데에는 상대적으로 소홀한 경우가 많은 것 같습니다. 특히 경력 초반에는 감정이 과해서 사건을 너무 크게 받아들이고 감정에 휘말리는 일이 많고, 시간이 흐르면 감정이 무뎌지거나 감정을 외면하면서 중요한 것을 놓치는 일이 많아지게 됩니다.

감정을 살피는 첫 번째 단계는 시간과 공간이 허락하는 범위 내에서 잠시 멈추고 상황을 바라보는 것입니다. 어딘가 세게 부딪혔을 때 한동안 몸을 웅크리고 아무것도 할 수 없는 상태를 떠올려 봅니다. 흙탕물을 가라앉게 하는 가장 효율적인 방법은 무엇인가 굳이 하지 않고 가만 두고 보는 것이듯 억지로 그 감정을 없애려고 하기보다는 그저 '내가 화가 나 있구나', '우울한 상태이구나', '너무 들떠 있구나' 정도를 스스로 알아차리는, '깨어 있는 상태'를 유지하는 것만 해도 훌륭한 조절인 것 같습니다. 진료 중에는 가급적이면 감정을 배제하고 논리적인 태도를 유지하는 것이 좋을 것 같다고 생각하기 쉽지만 사실, 의사에게 생기는 감정들이 오히려 훌륭한 교훈이나 동기부여가 되기도 합니다. 중요한 것은 거기에 압도당해 말이나 행동의 실수를 저지르거나 잘못된 결정을 내리지 않는 것입니다.

괴로운 감정은 급성기를 지나고, 시간이 흐르면서 어느 정도 가라앉지만 경우에 따라서는 그저 덮어둔다고 자연스럽게 해결되지 않고 만성기로 접어들기도 합니다. 위축되고, 거칠어지고, 어두워지고, 마른 감정을 돌보기 위해 꼭 필요한 것이 나를 이해해 주고 인정해 주는 사람, 자연, 그리고 예술인 것 같습니다.

> 의학, 법률, 경영, 공학, 이 모두 고귀하고 삶을 유지하는 데 필요한 것이지만, 시, 아름다움, 낭만, 사랑, 이런 것이야말로 우리가 살아가는 이유이다.
> (Medicine, law, business, engineering, these are noble pursuits and necessary to sustain life. But poetry, beauty, romance, love, these are what we stay alive for.)
> – 영화 〈죽은 시인의 사회〉에서, 존 키팅(John Keating)

학문과 인격의 수양을 중요하게 여긴 공자가 영화 속 키팅 선생님의 이야기를 들었다면 어떻게 생각했을지 궁금해집니다. 논어라 하면 진지한 인격 수양에 관한 이야기만 나올 것 같지만 평소 악기 연주와 노래를 좋아했던 공자였기에 시와 음악에 관한 이야기도 여러 번 나옵니다. 그중 한 구절입니다.

시로 감흥을 불러일으키고
(興於詩 흥어시)
예로 행동을 바로 세우고
(立於禮 립어례)
음악으로 인격을 완성한다.
(成於樂 성어악)

결국 '인격의 완성은 음악(성어악)'이라는 말이 인상적입니다. 합리적인 생각과 과학적인 근거에 기반한 의학에 익숙한 의사에게 너무 지적인 활동에 치우치지 말고 정서적인 면도 수양하여 균형을 잡으라는 뜻으로 들리기도 합니다. 세상은 언제나 합리적으로 흘러가지는 않고, 이성보다는 감성이 사람을 더 강력하게 움직이고, 과학적 분석 못지않게 중요한 것이 예술적 감각, 상상력, 직관 같은 것들이라는 점을 항상 떠올려 봅니다.

진료실 작은 습관, 공감할 서

끊임없는 수련을 통해 의사 자신이 평온한 마음을 가지게 되는 것이 '편안한 의사 = 좋은 의사'의 시작이라면, 다음 단계는 '환자에게 편안한 의사가 되는 것'입니다. 어떻게 하면 환자를 편하게 해줄 수 있을까요? 편안한 분위기, 장소, 시간 같은 것들도 중요하지만 역시 시작은 마음일 것 같습니다. 이번에도 논어에서 답을 찾아봅니다.

공자의 제자인 자공이 스승님께 '인생 단어'를 여쭤보는 장면입니다.

평생토록 지켜나갈 만한 말 한마디가 있습니까?

(有一言而可以終身行之者乎 유일언이가이종신행지자호)
그것은 서(恕)이다. 자기가 원하지 않는 일을 남에게 시키지 않는 것이다.
(其恕乎 己所不欲 勿施於人 기서호 기소불욕 물시어인)

또 다른 제자인 증자가 한마디로 요약한 스승님의 가르침도 역시 '서(恕)'입니다.

선생님의 도는 충과 서일 뿐입니다.
(夫子之道 忠恕而已矣 부자지도 충서이이의)

여기서 이야기하는 '충(忠)'은 '자기의 역할을 충실히 하는 것'이고 '서(恕)'는 '다른 사람의 입장을 이해하는 것, 그리하여 그 사람이 원하지 않는 일을 시키지 않는 것'입니다. 의미를 조금 더 확장하자면 '그 사람이 원하는 것을 이룰 수 있게 도와주는 것'도 해당될 것입니다. '편안할 안'의 관점에서 본다면 **'충'은 '자기 스스로 수양하여 편안해지는 것'**이고 **'서'는 '다른 사람을 편안하게 해주는 것'**으로 볼 수 있습니다. 진료실에 적용한다면 '서'는 **'환자의 입장을 공감하고 이해하는 것, 그리하여 환자가 원하는 것을 이룰 수 있게 도와주는 것'**으로 정의할 수 있을 듯합니다. 그래서 환자를 편하게 해주는 길도 '서(공감과 이해)'에서 시작된다고 볼 수 있습니다.

공감과 이해. 의과대학 시절부터 끊임없이 들어온 말인데 쉽지 않습니다. 공감과 이해가 어려운 이유는 공감과 이해에 대해서 너무 큰 기대를 하고 있기 때문일지도 모릅니다. 왠지 공감이라 하면 환자가 괴로워할 때 함께 괴로워하고, 슬퍼할 때 같이 슬퍼해야 할 것 같은, 위인전이나 영화에서 보던 의사의 모습을 떠올리기 쉽습니다. 그래서 '그런 건 사명감이 투철한, 감성이 풍부한, 특별한 능력을 가진 사람들만 할 수 있는 힘든, 피곤한, 시간이 많이 드는, 남의 일'이라 생각해 버리게 됩니다. 하지만 공감과 이해는 '감정적인 반응'보다는 여러 자료를 바탕으로 진단하고 치료 계획을 세우는 '지적인 사고'에 더 가까운 태도입니다. 그래서 저는 '공감(감정을 공유하는)'이라는 하나의 단어보다는 '공감과 이해'로 묶인 표현이 더 좋다고 생각합니다.

공감과 이해는 내가 환자 입장이 되었다고 상상하고 차분하게, 감정이 가라앉은 상태에서, 전문 지식을 더해서 생각해 보는 과정입니다. 예를 들어, 20대에 말기녹내장이라 중심 시야 일부만 겨우 남아 있고, 이미 녹내장 수술을 여러 번 받고, 약을 최대한으로 쓰고 있는데도 계속 나빠지고 있는 환자를 만나면 '만약 내가 그 환자라면 어떤 기분일지, 무엇이 제일 불편하고, 걱정이 될지' 생각해 보는 것입니다. 완벽하게 파악하기는 어렵겠지만 잠깐이라도 상상을 해보면 환자의 이야기가 조금 다르게 들릴 수 있습니다. 현재 상태와 앞으로의 치료 과정에 대해서 환자가 얼마나 파악하고 있고, 어떻게 생각하고 있고, 무엇을 제일 중요하게 생각하는지(꼭 지키고 싶은 것이 무엇인지), 평소 어떤 생활 배경을 가지고 있는지 파악해서 치료 방침에 영향을 주는 여러 요소 중 하나로 잘 활용하는 것이 공감과 이해의 핵심이라 생각합니다.

공감과 이해의 첫 번째 요소: 관심(이야기 잘 듣기)

몇 해 전 가을 어느 날, 번아웃 상태가 되어버려서 도저히 아무것도 할 수 없는 숨 막히는 상황을 벗어나 보려고 병원 근처 정신과 의원을 찾아간 적이 있습니다. 제가 그동안 어떻게 지내왔고, 왜 번아웃에 빠지게 되었고, 무엇이 걱정인지 이야기하는 동안 흥미진진하다는 표정과 반짝이는 눈빛으로 차분하게 "그랬어요?", "그래서 어떻게 되었어요?"라며 이야기를 듣는 정신과 선생님의 태도가 인상적이었습니다. 한 번의 면담으로 문제가 해결되지는 않았지만 그래도 누군가 내 이야기를 들어준다는 것만으로도 기분이 한결 나아졌습니다.

너무나 당연한 이야기지만 공감과 이해의 시작은 **상대의 이야기**

를 잘 듣는 것입니다. 바쁘고 피곤한데 그게 말처럼 쉽지 않겠지만 그래도 몇 가지 작은 습관을 가지려 노력해 봅니다. 첫째는 환자를 눈으로 직접 보는 것입니다. 특히, 환자를 진료실에서 처음 만나는 순간에는 몇 초라도 하던 일을 멈추고 환자의 모습을 보면 좋습니다. 굳이 부담스럽고 피곤하게 억지로 웃거나, 마음에 없는 말을 하거나, 감정을 담을 필요 없고, 환자가 들어오는 몇 초 사이에 환자의 걸음걸이, 표정, 체형, 보호자와의 사이를 관찰해서 유용한 정보를 얻을 수 있다는 자세로, 흥미진진하게 단서를 찾아내는 소설 속 탐정이 된 마음으로 접근하는 것이 현실적으로 효율적인 태도라 생각합니다. 그리고 환자가 이야기하는 첫마디는 온전히 그 이야기를 듣는 데에만 집중합니다. 몸을 모니터 말고 환자 쪽으로 완전히 돌리고, 키보드에서 손 떼고. 의사가 흥미진진하게 뭔가 알아내려는 마음이 있다는 것을 느끼면 환자도 더 많은 유용한 정보를 제공하기 마련입니다.

환자의 이야기를 잘 들어라, 거기에 답이 있다.
(Listen to your patient; he is telling you the diagnosis.)
— 윌리엄 오슬러(Wiliam Osler)

때로는 이야기가 길어져 힘들 때도 있지만 사실, 초진 때 말고는 환자의 이야기가 아주 긴 경우는 그렇게 많지 않습니다. 막상 시간을 측정해 보면 몇십 초 정도인데 그 시간을 집중하지 않으면 오히려 대화가 초점을 벗어나 더 길어지고 서로 피곤하게 됩니다. 환자가 "정말 괜찮을까요?"라고 했을 때 모니터 보며 귀찮다는 듯이 "괜찮다니까요."라고 여러 번 이야기하는 것보다 환자 얼굴 똑바로 바라보고 집중해서 진심을 담아서 한 번 제대로 이야기하는 편이 서로에게 더 낫습니다. 여자친구, 아내, 엄마와 대화 중 제대로 "알겠습니다."라고 한마디 하면 될 일을 괜히 딴짓하며(핸드폰, 모니터, TV를 보며) 건성으로 대답했다가 "내 말 듣고 있냐?"며 혼나고 대화가 더 길어졌던 경험이 있는 선생님은 어떤 느낌인지 잘 아실지도 모르겠습니다.

이때 중요한 것은 '서두르는 것처럼 보이지 않는 태도'입니다. 마음은 급하더라도 '적어도 어느 정도의 시간은 환자를 제대로 바라보고, 이야기를 듣는 데 온전히 시간을 할애한다'라는 나름의 원칙이 있으면 좋습니다. 그리고 중요한 순간에는 평소의 80~90% 정도의 빠르기로 말을 의식적으로 더 느리게, 또박또박, 더 큰 소리로 하는 것도 좋은 방법입니다. 마치 학교 앞 구간을 운전해서 지날 때는 다른 곳보다 더 낮은 제한속도가 정해져 있는 것처럼.

공감과 이해의 두 번째 요소: 해석(진단 앞에 단어 더하기)

'공감과 이해'를 간단하게 생각한다면 '어떤 병을 가진 환자'라는 존재 앞에 **'무엇이 가장 걱정인(중요한)'이라는 단어 하나 더하는 것**으로 볼 수 있습니다. 예를 들어, '녹내장 환자'에 공감과 이해를 더하면 '시력이 더 나빠지면 운전을 못 하게 될까 봐 걱정하는 녹내장 환자', '약을 썼다가 부작용이 생길까 봐 걱정하는 녹내장 환자', '아이도 녹내장이 생길까 봐 걱정하는 녹내장 환자'가 됩니다. 그러면 환자의 이야기가 다르게 들리고, 대화의 초점이 달라지고, 치료 방침을 정할 때도 다른 시선에서 바라보게 됩니다. 초기 녹내장이라 시력에 전혀 지장이 없는 상태인데도 실명될까 봐 계속 걱정하고 불안해하는 환자가 있다면 '왜 내 말을 안 들을까' 하고 답답해하거나 짜증 내기보다는 혹시 그럴만한 이유가 있는지 살펴봅니다. 이유를 찾아볼 생각만 있다면 방법은 간단합니다. "실명에 대해서 왜 그렇게 걱정이 많을까요?"라고 직접 물어보면 됩니다. 그러면 '아버지가 녹내장으로 실명해서 실명에 관한 걱정이 많은'이라는 말을 진단 앞에 더할 수 있습니다. 환자가 이야기하는 '아버지가 녹내장으로 실명해서'라는 한 구절에 '아버지를 모시고 수없이 병원에 다니고, 여러 가지 안약을 하루에도 몇 번씩 넣어드리고, 수술받느라 고생하고, 그러다 직장도 그만두고, 경제적으로 어려워지고, 결국 실명되어 집에서 식사 때마다 숟가락에 반찬 올려드리고, 몇 번을 넘어져서 다치고' 하는 구구절절한 사연이 담겨 있습니다. 어쩌면 환자 바로 곁에서 치료 반응과 실명에 이르는 과정을 직접 지켜본 보호자가 의사보다 녹내장에 대해서 더 잘 아는 면도 있을 것입니다. 환자가 중요하게 생각하는 것을 잘 기록해 두는 것도 당연히 중요합니다. 그래서 다음 진료 시에 "지난번에 안약 따가울까 봐 걱정했는데 써보니까 어때요?"라고 질문해 봅니다.

바쁜 와중에 환자를 만나다 보면 정보 제공의 다음 단계인 정보의 해석(환자에게 가장 소중한 것이 무엇인지, 그러기 위한 방법은 무엇인지)까지 미처 헤아리지는 못하는 경우가 많습니다. 보험에 가입할 때 담당자가 약관을 재빠르게 설명하면서 동의하는지 물을 때마다 무슨 말인지 잘 모르면서 일단 대답하는 상황을 떠올려 봅니다. 특히 짧은 시간에 많은 것을 파악하고 결정해야 하는 외래 진료실에서는 환자가 원하는 것이 무엇인지 파악하는 것이 중요합니다. 어차피 관심 없는 분야는 아무리 이야기해 봤자 귀에 들어가지 않을 것이기 때문에 환자가 중요하게 생각하는 점을 집중적으로 여러 번 이야기하는 것이 훨씬 효과적입니다. 의사에게는 질병의 발생기전, 위험요인, 수술 방법이나 부작용 같은 것들이 중요할지 모르지만 환자에게는 그런 것보다 당장 수술비가 얼마나 들지, 수술 후 직장을 얼마나 못 나가게 될지, 수술받고 수영은 언제부터 할 수 있는지, 몇 바늘이나 꿰매는지가 더 중요할 수 있습니다. 환자가 의사에게 설명을 제대로 듣지 못했다고 하는 경우 중 상당수는 '내가 궁금해하는 것에 대해서 명확하게 답을 못 들은 경우'가 아닌가 싶습니다.

환자가 약을 제대로 사용하지 못하거나 주의사항을 지키지 못하는 상황을 만났을 때도 공감의 입장에서 바라본다면 나의 말을 듣지 않았다고 기분 나빠 하기보다는 차분하게 환자의 입장에서 왜 약을 제대로 사용하지 못했을까 떠올려 보게 됩니다. 그리고 '약을 제대로 못 쓴 환자' 앞에 여러 단어를 더할 수 있습니다. 예를 들면, '그냥 약 쓰기가 귀찮은', '아직 치료가 필요하다는 사실을 받아들이지 못하는(부정 단계에 머물러 있는)', '가족이 많이 아파서', '직장에

큰일이 생겨서 정신없었던', '다른 곳을 다쳐서 입원하고 수술받느라', '부작용이 힘들어서' 같은. 그리고 그 상황에 맞게 해결책을 찾아보게 됩니다. 특히 약의 부작용과 관련된 것들은 의사가 직접 경험해 보면 좋습니다. 저도 전공의 시절부터 지금까지 제가 처방하는 안약은 모두 제 눈에 직접 넣어봤는데 덕분에 환자가 이야기하는 따가움, 충혈, 가려움, 흐림, 쓴맛이 어떤 느낌인지 조금 더 잘 파악할 수 있습니다.

'환자가 원하는 것을 잘 파악하는 것'이 공감이라면 때로는 의사의 권유에도 불구하고 치료를 거부하는 것도 담담하게 받아들일 수 있게 됩니다. 한쪽 눈이 여러 번의 녹내장 수술에도 불구하고 결국 실명되었던 환자가 반대편 눈에도 비슷한 상황이 발생해서 녹내장 수술을 꼭 받아야 하는 상황에서도 "절대로 수술은 받지 않겠다."고 거부한다면 우선 이유를 알아봐야 합니다. 그리고 예전에 반대 눈 수술을 받을 때 너무 괴로웠던 기억 때문이라는 것을 알게 되었다면 '수술받지 않아 실명되는 것보다 수술이 더 싫은'이라는 말을 진단명 앞에 붙이게 됩니다. 의사 입장에서는 어떻게든 설득하려 노력해 보지만 때로는 매일매일 시력이 점차 나빠지는 상황이 불안해서 낮에도 불을 환하게 켜놓고 지내던 사람이 마침내 완전 실명이 되고 나서 오히려 마음이 평온해지는 경우도 있다는 것을 인정하는 마음도 필요합니다. 물론, 나중에 환자가 다른 이야기를 하거나, 처음 나타난 보호자, 보험회사 직원, 수사기관 담당자의 항의나 공격을 받을 가능성도 함께 대비해야 합니다. 그리고 경제적인, 법적인 문제가 생겼을 때 중요한 것은 '의사와 환자 사이의 인간적인 관계(의학의 세계)'보다 '기록과 규정(법률의 세계)'이라는 것도 항상 잊지 말아야 합니다. 교통사고가 났을 때 운전자들 사이의 인간적인 관계보다 영상 기록과 관련 규정에 따라 과실의 정도가 정해지는 것처럼.

공감과 이해에는 의사의 경험이 중요한 영향을 줍니다. 예를 들어, "눈곱이 자꾸 생겨요.", "벌레가 기어다니는 것이 보여요."라고 이야기하는 환자를 만났을 때 다양한 경험이 있는 안과의사라면 그 '눈곱'과 '벌레'의 원인으로 염증이나 유리체 혼탁뿐만 아니라 정신질환에서 나타나는 환각도 떠올릴 수 있습니다. 또한 안구 기생충을 본 경험이 있는 안과의사라면 정말 눈에 벌레가 있을 가능성도 배제하지 않게 됩니다. 군의관 생활을 해본 의사라면 군인 환자가 왔을 때, 군부대의 특수한 상황을 더 이해할 수 있고, 허리 디스크 때문에 아파본 의사라면 환자가 하는 "허리가 아파요."라는 말이 다르게 들릴 것입니다.

공감과 이해의 세 번째 요소: 표현(따라 하기, 질문하기)

잘 듣고 이해하는 것만 해도 쉽지 않지만, 공감과 이해를 조금 더 잘하기 위해서 '듣고 생각하기' 못지않게 중요한 것이 **'표현하기'**입니다. 상대의 입장을 공감하고 이해한다는 표현으로 환자의 이야기에 감탄사나 몸짓으로 맞장구를 잘하는 것도 중요하지만 자칫 어색한, 과장된 반응은 오히려 가식적으로 보일 수 있어서 각자 성격에 따라 적당히 하는 편이 더 좋은 것 같습니다. 직설적으로 "그게 어떤 느낌인지(다른 환자 많이 봐서) 저도 잘 알아요.", "저도 매우 공감합니다."라고 이야기할 수도 있겠지만 상황에 따라서 '선생님은 그 수술 직접 받아보지 않았으면서', '나의 상황에 대해서 잘 알지도 못하면서 아는척한다'라는 생각이 들면 오히려 반감이 생길 수도 있습니다.

공감과 이해를 표현하는 가장 효율적인 방법은 '**따라 하기**'입니다. 말 그대로 진료 중에 가급적 환자가 표현한 단어를 그대로 사용하는 것입니다. "이러다 눈 더 나빠져서 아이 자라나는 모습 못 볼까 무서워요."라고 하는 환자에게는 "아이 자라나는 모습 못 볼까 무섭겠지만"이라고 이야기하고 "눈이 까실까실해요." 하는 환자에게는 "눈이 까실까실한 느낌은"이라고 이야기하면 됩니다. '까실까실한 느낌'을 굳이 단어를 바꿔서 '이물감'이라고 할 필요 없습니다. '희미하다', '침침하다', '안개 낀 것 같다', '뿌옇다'가 비슷한 의미이더라도 환자에게 이야기할 때는 가급적 환자가 표현한 단어 그대로 이야기하면 좋습니다. 환자는 '희미하다'고 했는데 의사가 '시력이 저하된 증상'이라고 하면 환자 입장에서는 자기 말을 제대로 듣지 않았다고 생각할 수 있습니다. 실제로 환자가 '뜨끔뜨끔하다'고 표현했는데 설명 과정에 '따끔따끔한 느낌'이라고 했다가 "아니, 따끔따끔한 게 아니고 뜨끔뜨끔하다니까요!" 하고 항의를 듣기도 합니다. 혹시 환자가 했던 표현이 정확히 기억나지 않는다면 섣불리 다른 단어를 쓰기보다는 '아까 불편하다고 이야기했던 것'으로 살짝 둘러서 말하는 편이 더 좋습니다.

진료 시에 일반적으로 보는 순서가 있더라도 **환자가 불편하다고 하는 부분을 먼저** 보는 것도 좋은 방법입니다. 예를 들어 평소

오른쪽 눈 먼저 검사하고 왼쪽 눈을 검사했더라도 환자가 왼쪽 눈이 불편하다고 하면 순서를 바꿔 왼쪽부터 보는 것이 환자 입장에서는 의사가 나의 이야기를 잘 듣고 있다고 느끼게 해줍니다. 검사 결과를 이야기할 때도 가급적 주 증상과 관련된 것을 가장 먼저 이야기합니다. 예를 들어, 벌레처럼 까맣게 떠다니는 점이 보여서 안과에 왔다가 우연히 녹내장이 발견된 상황에서 의사 입장에서는 녹내장이 더 중요하더라도 환자가 당장 불편해하는(환자에게 중요한) 것부터 이야기를 시작하는 방법이 좋습니다.

적절한 시점에 **환자에게 질문**을 하는 것도 공감과 이해를 위한 마음을 보여주는 좋은 방법입니다. 예를 들어, 환자가 요즘에 혈당 조절이 잘 안된다고 했을 때, 최근에 시력이 저하되었다고 했을 때 "왜 그런 것 같다고 생각하세요?", "혹시 그럴만한 일이 있었을까요?", "최근에 뭔가 달라진 것이 있을까요?"라고 물어보면 의사가 자신의 말에 관심이 있다는 것을 인지하게 되고, 환자 스스로 되돌아보는 기회가 되기도 하고, 뜻밖의 중요한 단서를 얻을 수도 있습니다. 눈 검사에서 특별한 이상이 없고 시력이 좋은데도 "학교에서 칠판 글자가 잘 안 보여요."라고 이야기하는 일곱 살 어린이에게 혹시 다른 안과 질환이 있는지, 뇌에서 시각 정보 인식 장애가 생겼는지, 심리적인 문제가 있는지 확인하기 전에 가장 먼저 할 일은 "왜 잘 안 보이는 것 같아?"라고 직접 물어보는 것입니다. 그러면 "이번에 자리를 바꿨는데, 앞에 앉은 아이가 키가 커서 가려서요."라는 명쾌한 답을 얻을 수도 있습니다. 때로는 "어떤 것이 (어떨 때) 잘 안 보여?"라고 물어보면 '(누구라도 보기 어려운) 멀리 있는 화면의 작은 글자가 잘 안 보이는 증상'이었다는 것을 알게 되기도 합니다. 오른쪽 눈의 안압이 높아서 안약을 여러 가지 사용하고도 조절이 되지 않아 녹내장 수술을 결정하려는 순간, 왠지 이상한 느낌이 들어 환자에게 직접 "왜 안압 조절이 잘 안될까요?"라고 물어보면 "사실, 약을 제대로 못 썼어요."라고 하거나, 알고 보니 약을 반대쪽 눈에 쓰고 있었다는 사실을 깨닫게 되기도 합니다. 치료 방법을 결정하는 단계에서는 그냥 "약물치료가 필요합니다."라고 하는 것보다는 "제 생각에는 아무래도 약물치료를 시작하는 것이 좋을 것 같은데 어떻게 생각하세요?", "지금 상황에서 뭐가 제일 걱정이 되나요?"라는 질문으로 환자의 생각을 확인하는 것도 환자의 의견을 존중하고 치료 과정에 반영하려 한다는 뜻을 전달하는 좋은 방법입니다.

공감과 이해의 어려움

공감과 이해가 쉽지 않은 경우도 많습니다. 예를 들어, 보험금을 받기 위해서 이 병이 사고 이후에 생긴 거라고 우기거나 반대로 사고 사실을 숨기거나, 회사나 학교, 군대 상황 때문에 꾀병을 부리거나, 대기 시간이 길다고 자기 순서가 아닌데 진료실 문을 벌컥 열고 들어와서 다짜고짜 의자에 앉거나, 위협적인 자세로 반말하거나, 답을 정해놓고 "나는 유명한 대학병원에 다니고 있으니 그냥 내가 원하는 대로 해달라."고 하거나, 검사 결과에서 아무 이상이 없는데 온갖 걱정에 빠져서 했던 이야기 무한반복 하거나, 하루에 핸드폰을 14시간 봤더니 눈이 피곤하다면서도 눈을 쉴 수는 없다고 고집부리거나, 올 때마다 술 냄새를 풍기면서 약도 안 쓰고 검사도 안 받겠다는 상황에서는 공감이 어렵습니다. 이런 상황에서 '공감과 이해'의 중요한 목적은 환자의 상황이나 목적을 객관적으로 잘 파악해서 환자의 감정이나 이해관계에 말려들거나 나의 자존심 때문에 일을 그르치지 않는 것입니다.

 환자가 화가 나 있거나 신뢰가 깨진 상황에서도 공감과 이해가 어렵습니다. 그때도 역시 핵심은 '화가 난 환자' 앞에 말을 붙여보는 것입니다. 아이가 운다고 바로 슬픈 상태라고 생각하지 않고, 배가 고픈지, 어디가 아픈지, 기저귀를 갈 때가 되었는지, 졸린 것인지, 심심한 것인지 여러 경우를 나누어 생각하듯 그간 만났던 '화가 난 환자'의 상황을 가만히 떠올려 보면 화에도 여러 유형이 있다는 생각이 듭니다. ① 가장 흔한 종류의 화는 대기 시간이 길어지거나, 절차가 너무 복잡하거나, 치료 결과가 만족스럽지 못할 때 '힘들어서 생기는 짜증'입니다. 특히 어딘가 아프고 불안한 상황이라면 더 견디기 힘들 수밖에 없습니다. 운전 중에 배고프고, 졸리고, 덥고, 피곤하고, 약속 시간은 다 되어가는데, 길은 막히고, 어딘지 찾을 수 없어서 예민해져 있는 자신의 모습을 떠올리면 금방 이해가 됩니다. ② 예상치 못한 상황에서 나타나는 '당황스러움'도 화의 형태로 나타날 수 있습니다. 갑자기 심각한 병을 진단받거나, 수술 후 예상치 못한 결과가 나타났을 때 종종 '부정'의 마음과 함께 생기는 것 같습니다. 운전 중에 갑자기 다른 차가 튀어나와서 놀랐을 때 나도 모르게 화가 나는 상황을 떠올려 봅니다. ③ '목소리 큰 사람이 이긴다'는 생각으로 상대방을 '압박'하기 위해 화를 내기도 합니다. 진료 순서나 수술 날짜를 당겨주기를 바라거나, 할인이나 보상과 같은 금전적인 이득을 요구할 때 주로 나타납니다. ④ '좌절'도 답답함, 안타까움, 원망과 함께 분노를 유발합니다. 열심히 노력했는데도 결과가 더 나빠지거나, 병이 재발하는 상황에서 종종 만나게 됩니다. ⑤ 때로는 '부끄러움'도 화의 종류가 됩니다. 약을 제대로 쓰지 못하거나 날짜를 잘못 알고 방문한 환자에게 다그치는 식으로 이야기한다거나, 환자가 한 부탁을 너무 매정하게 거절하는 경우, 상대의 말이나 태도가 무례하다고 느끼는 경우, 서운한 마음에 오히려 화를 낼 수 있습니다. 특히 할아버지 환자들이 내는 역정 중에 부끄러움, 민망함, 서운함이 주된 성분인 경우가 많습니다. ⑥ '죄책감'을 덜어내기 위해 화를 내는 경우도 있습니다. 예를 들어, 그간 병원에 한 번도 함께 오지 못했던 가족이 스스로의 죄책감을 덜기 위해, 누군가에게 보여주기 위해 큰 목소리로 과장되게 불만을 이야기하는 경우입니다. ⑦ 만약, 예상 불가능한 상황에서 갑자기 소리를 지르거나 벌떡 일어나서 폭력을 가하는 경우에는 치매를 비롯한 여러 정신질환 때문에 사고나 감정이 불안정한 것은 아닌지 생각해 봐야 합니다. ⑧ 감별해야 할 상황으로 '거짓(pseudo) 화'가 있습니다. 그냥 평소 표정이

나 말투가 좀 거칠고 퉁명스러운데 화가 난 것으로 오해받는 경우입니다. 때로는 환자 입장에서는 친근의 표시로 하는 말이나 농담이 의도와 달리 화내는 것으로 오해받기도 합니다.

따라서 화가 난 환자를 만날 때 가장 먼저 할 일은 **'어떤 포인트에서 화가 났는지', '어떤 종류의 화가 났는지' 정확하게 파악하기 위해 이야기를 잘 듣는 것**입니다. 그 과정이 즐겁지 않고 시간도 들겠지만 어쩔 수 없습니다. 화가 난 환자를 대할 때 흔하게 하는 실수 중 하나가 환자가 이야기하는 도중에 말을 자르고 "아니, 일단 제 말 좀 들어보시라니까요."라고 하는 것입니다. 오해받아 억울하고, 다른 사람들 앞에서 민망하고, 바쁘겠지만 상황을 빨리 수습하려고 하다 보면 점점 사태가 악화되고 감정만 상하게 됩니다. 일단 환자의 이야기를 듣고 '어떠한 이유로 어떠한 종류의 화가 난 환자'라는 말을 떠올릴 수 있다면 조금 더 현명하게 대할 수 있습니다. 대부분의 화는 의료진에게 개인적인 감정이 있어서라기보다는 그 상황에 대한 것이기 때문에 환자의 감정에 휘말려서 불필요하게 감정을 내지 않도록 노력해 봅니다.

당신이 옳다면 화를 낼 필요가 없다.
당신이 틀렸다면 화를 낼 자격이 없다.

(When you are right, you have no need to be angry.
When you are wrong, you have no right to be angry.)

– 마하트마 간디(Mahatma Gandhi)

때로는 의사의 경험과 지식이 오히려 공감과 이해에 걸림돌이 되기도 합니다. 까만 점이 보인다고 찾아온 환자에게 당연히 유리체 혼탁에 의한 비문증이라 생각하고 관련 검사를 다 했는데 알고 봤더니 정말 결막 구석에 조그만 까만 점이 있었던 일이 떠오릅니다. "혹시, 거울로 봤을 때 위치가 어디인지 보이나요?"라고 한 마디만 물어봤으면 생기지 않았을 일입니다. 그래서 가급적 환자의 이야기를 있는 그대로 듣고 환자에게 나타난 현상을 객관적으로 관찰하려고 노력하지만 그게 말처럼 쉽지 않습니다. 세상을 의사 본인의 경험과 지식을 기준으로 받아들이는 '**지식의 저주(curse of knowledge)**'에 이미 빠져 있기 때문입니다. 안과의사에게는 백내장(수정체의 혼탁)과 녹내장(진행성 시신경병증)이 다른 병이라는 게 너무 당연하지만 환자 입장에서는 얼마든지 궁금할 수 있다는 것을, 환자가 이야기하는 난시(잘 안 보이는 증상)와 안과의사가 생각하는 난시(굴절 이상의 한 종류)가 다를 수 있다는 사실을 자꾸 잊게 됩니다. 그래서 진료기록에는 환자의 느낌을 그대로(맞춤법이 틀리더라도) 쓰는 것이 좋습니다. 환자가 사용하는 단어가 의사가 생각한 단어와 서로 다른 뜻인 경우도 많은데 그 단어를 의사의 짐작으로, 의사에게 익숙한 단어로 바꾸어 버리면 숨은 뜻을 찾기 훨씬 어려워지기 때문입니다. 예를 들어, 아이가 "배 아파요."라고 했을 때 '아프다'의 의미는 의사가 생각하는 '통증' 외에도 '화장실 가고 싶다', '부르다', '고프다', '더부룩하다', '가렵다' 같은 여러 의미를 가질 수 있는데 "배 아파요."를 '복부 통증'으로 단정짓고, 차트에 'chief complaint: abdominal pain'으로 기록하고, 온갖 검사를 시행하는 순간, 환자가 이야기하고 싶은 '아프다'의 의미에서 더 멀어지게 됩니다.

공감과 이해에서 가장 주의할 점은 **욕심과 자만**인 것 같습니다. 환자의 입장에 너무 빠져들면 뭔가 당장 해결해 주고 싶은 마음에 판단력이 흐려질 수 있습니다. 현실적으로 상대를 완전히 공감하고 이해하는 것은 어려운 일이라 너무 깊이 공감하려 애쓰거나, 자책하거나, 초조해하며 에너지를 소모하는 것도 현명한 일이 아닙니다. 그러다 객관적인 판단에서 벗어나 과한 치료를 하게 되거나, 환자의 편의를 너무 배려하다 정해진 절차에서 벗어나게 되어 오히려 일을 그르치기도 합니다(의사라면 누구나 경험해 봤을 'VIP syndrome'). 그 환자에 대해서 잘 안다는 생각, 환자가 경제적으로 어떠할 거라는 섣부른 생각, 어떤 성격의 환자는 어떤 검사나 처치는 싫어하거나 좋아할 거라는 편견, 성별, 지역, 인종에 따른 선입견은 오히려 올바른 상황 판단을 방해할 수 있습니다.

그렇기 때문에 공감과 이해를 잘하기 위해서는 **환자의 이야기를 잘 듣고, 진단 앞에 환자 입장에서 중요한 핵심 단어 몇 개를 추가할 수 있는 '여백의 여유'를 가지되, 그 단어가 틀렸거나, 언제든 사라지거나, 바뀔 수도 있다는 점을 인정하는 '유연성'도 항상 함께 유지**해야 합니다.

그렇다면 나는 의사 입장에서 과연 공감과 이해를 잘하고 있을지 궁금해집니다. 가장 확실한 지표는 환자의 반응입니다. 의사에게 공감과 이해를 받고 있는 환자인지 아닌지 그저 눈빛만 봐도 알 수 있는 경우가 많습니다. 조금 더 객관적인 평가를 위해서는 타인의 시선이 필요합니다. 간단하게는 나의 진료 장면을 사진이나 동영상으로 찍어서 보는 것도 도움이 되고 의사의 진료 방식이나 태도를 전문적으로 분석해 주는 사람들에게 나의 진료 장면을 검토받는 것도 좋은 경험이 됩니다. 말투, 목소리, 표정, 자세, 시선, 복장, 손짓 같은 것들까지 세세하게 돌이켜 볼 수 있습니다. 저도 제 진료 장면을 전문가를 통해서 몇 번 분석받아 봤는데 별생각 없이 하고 있던 것 중에 고칠 것, 다른 선생님들에 비해서 부족한 것, 무엇보다 환자들이 저에 대해서 어떻게 생각하는지 솔직한 이야기를 들을 수 있는 소중한 기회였습니다.

기분이나 컨디션이 좋을 때, 시간 여유가 있을 때는 공감과 이해를 유지하기가 상대적으로 유리하지만 피곤하거나 우울하거나 바쁠 때는 소홀해지기 쉽습니다. 상황에 따라 온전히 최선의 공감과 이해를 하지는 못하더라도 적어도 최소한의 수준은 어떤 상황에서도 유지할 수 있도록 꾸준한 연습이 필요합니다.

결국 좋은 의사(=편안한 의사)가 되는 길은 다양한 경험과 공부를 통해서 **나 스스로 평온해지고**, 상대의 입장을 헤아리는 태도와 생각으로 **환자를 편안하게 해주는 것**이라 생각합니다. 거기다 훌륭한 연구성과 존경받는 인품, 찬란한 경영실적, 명예로운 직책과 명성, 숭고한 봉사정신이 더해질 수도 있지만 그건 어디까지나 각자의 가치관과 성향에 따른 것이지 필수 요소는 아닌 것 같습니다. 가장 좋은 맛은 '담백한(편안한) 맛'이고, **가장 훌륭한 사람은 '평범한(편안한) 사람'**이라는 채근담의 이야기처럼.

진하고 기름지고 맵고 단 맛이 진짜 맛이 아니다. 진짜 맛은 그저 담백하다.

(醲肥辛甘非眞味 眞味只是淡 농비신감비진미 진미지시담)

신기하고 특이한 사람이 훌륭한 사람이 아니다. 훌륭한 사람은 그저 평범하다.

(神奇卓異非至人 至人只是常 신기탁이비지인 지인지시상)

책에서 길을 찾다, 학이불사즉망

공감과 이해를 잘하기 위한 첫 단추는 그렇게 하려는 마음입니다. 적어도 내가 어떻게 하고 있는지, 어떤 면이 부족한지 떠올려 보는 것만 해도 좋은 출발이 됩니다. 하지만 마음만으로는 한계가 있습니다. **환자의 다양한 배경과 상황을 이해하기 위한 경험과 지식**이 필요하기 때문입니다. 그 경험과 지식의 정도에 따라 공감과 이해의 깊이와 폭이 달라질 수밖에 없습니다. 같은 환자를 만나도 누군가는 그저 '몇 세 녹내장 환자' 정도밖에 못 떠올리겠지만, 누군가는 환자의 배경과 가치관을 담은 다채로운 이야기를 떠올릴 수 있습니다. "제천에서 서울까지 버스 타고 왔어요."라는 환자의 이야기를 들을 때도 누군가는 그저 스쳐 지나가는 말로 넘기겠지만, 또 다른 누군가는 아침 일찍 일어나서, 하루에 몇 번 없는 마을버스를 타고 시내 터미널에 가서 고속버스로 갈아타고, 서울에 도착해서 또 버스 타고 병원에 와서, 마지막 마을버스 끊기기 전에 다시 돌아가야 하는 긴 여정을 눈앞에 생생하게 그려낼 수 있습니다. 그렇기 때문에 공감을 잘하기 위한 두 번째 요소는 풍부한 경험과 생각(상상력)입니다. 병원과 학교에서 하는 경험 말고도 다양한 직종과 배경의 사람을 만나보고, 다양한 곳에서 지내보고, 다양한 일을 해보면 좋겠지만 '병원(학교)-집-병원(학교)'만 해도 바쁜 생활에 그런 기회를 만들기 쉽지 않습니다. 다행히 간접적으로나마 경험의 폭을 넓힐 수 있는 매개체가 있습니다. 바로 책입니다.

세상을 보는 창

언제부터인지 주위 사람들에게 건강에 관한 질문을 받으면 "아, 저는 눈 말고는 몰라요."라고 대답하게 되었습니다. 그나마 안과에서도 녹내장 아닌 분야는 제대로 안다고 이야기하기도 어렵습니다. 대학에서 녹내장 환자만 진료 볼 때는 '이 넓은 세상에서 지름 2mm 크기의 시신경유두만 종일 들여다보면서 살고 있구나' 하는 생각을 자주 했습니다. 세부 전공이 명확할수록 전문성이 쌓이겠지만 한편으로는 좁은 세상에 갇혀버리기 쉽습니다. 그럴 땐 다른 분야 선생님들의 책을 읽으며 '아, 맞다. 나도 녹내장을 세부 전공한 안과의사이기 전에 의사였지' 하는 생각을 하게 됩니다. 다행히 세상에는 의사들이 쓴 좋은 책이 많습니다. 전 세계 여러 병원과 여러 과의 진료실, 병동, 수술방에서 겪었던 다채로운 경험, 병원을 경영하며 겪은 사건들과 난관을 극복한 노하우, 군의관과 공중보건의 시절의 경험, 세계 각국에서 펼친 봉사활동, 진료실 밖에서의 다양한 활약, 이제는 은퇴하신 시니어 선생님들의 옛날이야기, 의사이지만 진료 외의 분야에서 새로운 길을 개척해 가는 이야기, 그리고 예술, 학문, 자연, 역사, 여행 이야기까지.

책은 진료실은 물론이고 **병원 밖 세상을 바라볼 수 있게 해주는 창**의 역할을 합니다. 다른 시대, 다른 공간, 다른 문화권에서 다른 성별, 다른 성격, 다른 재능과 신체 조건, 다른 직업을 가진 사람의 생각을 엿볼 수 있고, 그들의 삶을 간접적으로 경험해 보기도 합니다. 심지어 동물이나 식물, 외계 생명체가 되어볼 수도 있습니다. 그 와중에 알게 모르게 생기는 상상력, 안목, 직관, 통찰력 같은 것들이 책에서 얻을 수 있는 소중한 자산입니다. 어쩌면 책은 세상 모든 것을 들여다볼 수 있는 창일지도 모릅니다(책으로 다루지 못하는 분야가 있을까요). 어떤 창으로 어디를 내다볼지는 각자의 선택입니다. 중요한 건 창이 없는 방에 갇혀서 '우물 안 개구리'가 되지 않는 것입니다.

논리는 당신을 A에서 B로 이끌 것이다.
상상은 당신을 어디로든 데리고 갈 것이다.

(Logic will get you from A to B. Imagination will take you everywhere.)

― 알베르트 아인슈타인(Albert Einstein)

기존의 사실을 증명하게 하는 것은 논리이지만,

새로운 것을 발견하게 하는 것은 직관이다.

(It is by logic that we prove, but by intuition that we discover.)

― 앙리 푸앵카레(Henri Poincaré)

생각의 성장인자

　간접경험의 기회라는 측면에서는 어쩌면 책보다 술자리에서 동료 의사가 들려주는 무용담이나 영화나 드라마를 통해서 보는 영상이 더 생생할지도 모릅니다. 하지만 영상과는 다른 책만이 가지고 있는 독보적인 역할이 있습니다. 예를 들어, 책에서 자연풍경을 묘사하는 글을 읽게 되면 각자의 방식으로 스스로 장면을 떠올리게 되지만 영상으로 접하게 되면 누군가 이미 만든 같은 장면을 수동적인 입장에서 감상하게 됩니다(물론 영상도 감상자의 관점에 따라 각자 다르게 받아들일 수 있겠지만). 비유하자면 영상 매체가 여행사에서 미리 정해둔 일정을 따라 정해진 곳을, 정해진 방향에서, 정해진 시간만큼 보게 되는 **'패키지 여행'** 같다면 책은 오롯이 내 발길 따라 거닐면서, 내가 원하는 시간을 할애할 수 있는 **'자유여행'** 같은 존재입니다. 읽다가 인상 깊은 구절이 있으면 멈췄다 몇 번을 되뇌어 보고, 밑줄 긋고, 내 생각을 옆에 써보기도 하는. 책은 생각이라는 세포의 수용체(receptor)를 자극해서 생각을 떠올리게 하고(stimulation), 자라나게 하고(proliferation), 확장시켜 주는(differentiation) 성장인자(growth factor)의 역할을 합니다. 그래서 '좋은 책'은 막힘없이 술술 넘어가기보다는 **중간중간 만나는 구절이 화두가 되어 잠시 멈추고 생각에 잠기게 하는 책**입니다. 공자도 배움의 과정에 생각이 중요하다고 강조했습니다.

> 배우기만 하고 생각하지 않으면 얻는 것이 없고
> (學而不思則罔 학이불사즉망)
> 생각만 하고 배우지 않으면 위태롭다.
> (思而不學則殆 사이불학즉태)

"배우기만 하고 생각하지 않으면 얻는 것이 없다."라는 말을 다르게 표현하자면 "보고 들은 내용을 생각 없이 그냥 외우기만 하는 것만으로는 부족하다."가 됩니다. 좋은 이야기이지만 현실적으로 학생과 전공의 시절에는 '제대로' 외우는 것만 해도 버겁습니다. 비유하자면, 그 시절의 공부는 수학의 밑바탕이 되는 더하기, 빼기, 나누기, 곱하기를 배우는 과정이랑 비슷해서 '6×7'이라는 대상을 만났을 때 계산 과정을 일일이 생각하기보다는 기계적으로 바로 답이 나오게 훈련하는 편이 더 효율적입니다. 당장 닥친 시험, 지금 바로 판단하고 처치해야 하는 환자 앞에서 생각에 잠겨 있을 수는 없기 때문입니다. 오히려 그 시절에는 너무 자기 생각을 내세우기보다는 일단 받아들이고 나중에 나의 경험이 쌓인 후에 돌이켜 보는 것이 더 좋을 수 있습니다. 예를 들어, 학창 시절 수업 시간에 '50대 백인 여성의 한쪽 눈에 잘 생기는 질환'이라는 말을 들었을 때 '왜 그럴까' 하고 나름 찾아보고 상상의 나래를 펼치는 것도 좋지만 우선은 있는 그대로 받아들이고 나중에 '나의 실전 경험'을 바탕으로 '정말 그런지, 배웠던 거랑 다른 점이 있는지, 미처 생각하지 못했던 점이 있는지' 깊이 생각하고 찾아보는 기회를 가지면 됩니다.

중요한 것은 어느 정도 지식과 경험이 쌓인 이후의 시기인 것 같습니다. 사실, 시간적인 여유가 생기더라도 깊이 생각을 한다는 것은 여전히 쉽지 않은 일입니다. 이번에는 공자의 말에서 '배움'을 '경험'으로, '생각'을 '책'으로 바꿔봅니다. 그러면 **경험만 하고, 책을 읽지 않으면 얻는 것이 없고, 책만 읽고 경험하지 않으면 위태롭다**가 됩니다. 예를 들어, 오늘 수술 중에 예상치 못했던 일이 생겼을 때, '그냥 운이 나빴다'거나 '그 환자 눈이 이상했다'고 여기고 넘어간다면 얻는 것이 없지만 책을 찾아보고 곰곰이 생각한다면 훌륭한 개선점을 찾아내거나 그 생각이 발단이 되어 뜻밖의 좋은 아이디어를 떠올릴 수도 있습니다. 물론 책에 모든 답이 있는 것은 아니지만 책을 펼쳐놓고 생각하는 것과 그저 막연하게 떠올려 보는 것에는 큰 차이가 있습니다. 비유하자면, 책과 함께하는 사색이 항공뷰 지도로 전체를 조망하며 길을 찾는 과정이라면, 책이 없는 막연한 경험은 미로 찾기 실험에 투입된 생쥐가 되어 당장 눈앞의 갈림길에서 고민하며 같은 곳을 맴돌고 있는 상황과 비슷합니다.

가능하다면 생각을 글로 정리해 보는 것도 좋은 방법입니다. 특히 진료나 수술 중에 소중한 교훈을 얻었을 때 그 느낌과 생각을 바로 남겨두면 좋습니다. 한순간 떠오른 생각은 바닷가 모래에 써둔 글자 같아서 그 당시엔 선명하더라도 시간이 지나면 금방 사라져 버리기 쉽습니다. 그 생각을 글로 정리해 두는 것은 굳이 다른 사람에게 보여주기 위해서라기보다는 **'지금 생각을 금세 잊어버리고 같은 고민과 방황을 다시 하게 될 미래의 나'를 위한 것**입니다. 무엇보다 '이 느낌을 어떻게 표현할까' 곰곰이 떠올리는 과정 자체에 소중한 의미가 있습니다.

그렇다고 책 속의 세상에서 벗어나지 못하고, 자기 생각에만 너무 빠져드는 것도 위험한 일입니다. 책에서 본 이론이나 실험 논문 몇 편의 결과로 만든 자기만의 상상의(가설의) 세계에 빠져 "이것만 조절하면 어떤 병이든 낫게 할 수 있다."라고 주장하는 경우를 종종 보게 됩니다. 그래서 **배움과 생각 사이, 경험과 책 사이, 실전과 이론 사이의 균형**이 중요합니다. 공자도 자기 생각에만 빠지는 것을 경계하라고 했습니다.

나는 일찍이 온종일 먹지 않고, 밤새 자지 않으면서 사색을 해보았지만 유익함이 없었으며 배우는 것만 못했다.
(吾嘗終日不食 終夜不寢 以思無益 不如學也 오상종일불식 종야불침 이사무익 불여학야)

인생의 길잡이

의사로 살아가는 데 필요한 많은 것들을 학교와 병원에서 배우는 것은 사실이지만 그 재료로 어떤 그림을 그려낼지는 결국 각자의 가치관에 따라 결정됩니다. 가치관은 타고난 성격과 성장기의 가정이나 교육 환경에 따라 밑그림이 그려지고, 이후에는 각자의 경험과 책의 영향을 많이 받는 것 같습니다. 학창 시절이나 신참의사 시절에는 당장 닥친 일을 해결하느라 자기만의 가치관을 갖추기 힘들지만 시간이 흐르면서 '좋은 의사', '성공', '행복'에 관한 자기만의 유연한(상황에 따라 계속 바뀔 수 있는) 정의가 생기게 되는데, 그 과정에 책에서 읽은 내용이 중요한 길잡이가 됩니다.

'의사로 살아가는 법'뿐만 아니라 누군가를 사랑하고, 누군가와 함께 살아가고(배우자가 되고, 부모가 되고), 나이가 들어가는 것처럼 막연하게 **'남들처럼 느낌, 본능, 관습에 따라 하면 된다'**고 생각했던 것들도 돌이켜 보면 공부가 필요했던 것 같습니다. 어릴 때 식물을 키우면서 제대로 알아보지 않고 그저 '막연하게, 내 마음만으로' 물을 너무 많이 줘서 시들게 하거나, 강아지에게 '내 생각에 맛있는 것'을 줘서 배탈 나게 만들었던 경험을 떠올려 봅니다. 그런 것들은 누가 일일이 알려줄 수 있는 것이 아니라 각자 경험하고 읽고 생각하며 스스로 터득해 나가는 수밖에 없습니다. 다행히 내가 겪는 대부분의 어려움은 지난 수천 년간 많은 사람들이 이미 걸었던 길이고, 그 여정이 각자의 다양한 배경을 바탕으로 자기만의 표현과 생각으로 책에 담겨 있습니다. 그래서 책을 읽다 보면 그저 **막연하고, 어둡고, 흐리게 보이던 길이 밝고 선명해지는 '깨달음의 순간'**을 종종 만날 수 있습니다.

독서가 좋다는 것은 너무나 잘 알고 있는데 당장 실천하기가 쉽지 않습니다. 가장 쉬운 방법은 상대적으로 공감하기 편한, 의사가 쓴 다양한 책부터 읽어보는 것입니다. 굳이 병원 이야기를 책으로 또 만나고 싶지 않다면 가까운 책방에서 끌리는 대로 몇 권 집어 들어도 되고, 집에 있지만 제대로 읽어보지 못한 책을 만나봐도 되고(아이가 읽는 책도 재미와 교훈이 가득합니다), 그것도 어렵다면 온라인

서점의 사이트 첫 화면에 나오는 인기도서 중 몇 권 마음 가는 대로 골라서 택배로 받아봐도 좋습니다. 책은 꼭 내용을 다 읽지 않더라도 근처에 두는 것만으로도 효과가 있습니다. 책장을 지나치며 《무소유》, 《지금 여기 깨어있기》, 《인생을 배우다》, 《미움받을 용기》, 《공부의 즐거움》 같은 책 제목 속 구절을 '눈에 바르는' 것만으로 알게 모르게 힘이 됩니다. 가능하다면 적어도 하루에 30분 정도는 차분하게 읽고 생각하는 시간을 루틴으로 만들 수 있으면 좋습니다.

자신을 이겨내기,
극기복례

중고등학생 시절의 내신성적과 대학 입학시험, 대학생이 되고 나서도 이어지는(오히려 더 잦아지는) 시험, 의사국가고시, 전공의 선발시험, 전문의 자격시험, 대학원 시험, 병원 내에서의 부서 간, 의사 간 경쟁, 그리고 다른 병원들과의 경쟁까지, 아무리 피하려 해도 경쟁 없이 산다는 것은 어려운 일입니다. 다른 사람과의 경쟁도 힘들지만 결국 가장 이겨내기 어려운 존재는 '나 자신'인 듯합니다. 돌이켜 보면 무엇인가에 아쉬운 결과가 나왔던 경우, 그 이유가 다른 사람보다는 나에게 있었던 적이 더 많았던 것 같습니다. 공자도 '자기 자신을 이겨내는 것'을 강조하고 있습니다. 공자의 제자인 안연이 '이상적인 목표'인 '인(仁)'에 대해 묻자 공자는 이렇게 대답합니다.

자기 자신을 이겨내고 예로 돌아가는 것이 인이다.

(克己復禮爲仁 극기복례위인)

하루라도 자신을 이겨내고 예로 돌아가면 세상이 인으로 돌아갈 것이다.

(一日克己復禮 天下歸仁焉 일일극기복례 천하귀인언)

인을 실천하는 길은 자신에게 있는 것이지 남에게 달린 것이 아니다.

(爲仁由己 而由人乎哉 위인유기 이유인호재)

결국 공자의 말은 '자기 자신을 이기는 것이야말로 가장 중요한 일'이라는 뜻으로 생각할 수 있습니다. 자기 자신의 무엇을 이긴다는 뜻일까요? 각자 생각이 다르겠지만 저는 ① "이만하면 되었다." 하고 만족하고 머무르려고 하는 '타성에 젖으려는 나', ② "이런 건 넘어가도, 어겨도 되지 않을까?" 하는 '유혹에 흔들리는 나', 그리고 ③ "나는 이 수술은 못 할 것 같아." 하며 '실패에 포기하려는 나'가 먼저 떠오릅니다.

타성 이겨내기

전공의와 펠로우 과정을 마치고 5년쯤 지난 어느 날, 수술에 자신감이 점점 붙고, 논문도 어느 정도 나오고 있을 무렵, 스승님인 고려대병원 안과 김용연 선생님과의 식사 자리에서 다른 이야기 끝에 "저는 그냥 이 정도 하면 괜찮은 것 같아요."라고 했더니 스승님께서 한마디 하셨습니다. "이 정도면 되었다고 생각하는 순간 끝장이야." 웃으면서 이야기하셨지만 뼈를 때리는 말에 너무 부끄러웠습니다. 그리고 그로부터 또다시 5년쯤 지난 어느 날, 조금 더 성장하여 나름 중요한 자리에서 발표하고 다니던 시절에 만나 뵌 자리에서는 "황 선생 발표가 예전 같지 않아. 자기 데이터가 있어야지."라고 하셨습니다. 그러고 보니 발표 준비를 할 때 예전에 했던 내용 재탕, 삼탕하고, 차트리뷰와 통계분석, 그리고 깊은 생각의 과정 없이 그저 관련 케이스 몇 개 소개하고, 논문 몇 편 리뷰해서 '편한 길'로 가고 있었던 것 같습니다. 역시 스승님 눈에는 다 들여다보입니다. 누군가 나의 그러한 면을 알아보고, 솔직하게 알려준다는 건 너무나 고마운 일입니다. 논어에도 비슷한 이야기가 나옵니다. 제자 중 평소에 실행력이 부족했던 염구가 "저는 도를 좋아하지 않는 것이 아니라 힘이 부족한 것입니다."라고 하자 공자가 이렇게 답합니다.

힘이 부족한 사람은 노력해 보다가 도중에 그만두는데 너는 못 한다고 선을 먼저 긋고 있구나.
(力不足者中道而廢 今女畫 력부족자중도이폐 금여획)

스승이 보기엔 노력하면 이룰 수 있는 상황이었기 때문에 했던 이야기가 아닐까 싶습니다. 듣는 사람 입장에서는 '지금도 힘든데 어떻게 더 노력하라는 거지', '나는 그냥 지금이 좋은데' 하는 마음이 들 수도 있지만 학생과 전공의를 키워내는 스승의 입장을 겪어보니 '더 훌륭한 사람이 되었으면' 하는 안타까운 마음도 이해가 됩니다.

그저 같은 자리에 계속 머무르고, 하던 것만 반복하고 싶은 마음이 드는 이유는 여러 면이 있을 것 같습니다. 우선 몸과 마음이 너무 지쳐 당장 지금 하는 일도 벅차고 힘들다면 미처 새로운 것을 추구할 여력이 부족할 수 있습니다. 학생이나 전공의 시절에 그런 생각이 들 가능성이 높습니다. 어떤 분야이건 나름 공식과 요령이 있어서 어느 정도 궤도에 오르면 더 효율적으로 나아갈 수 있게 되는데 그 단계에 이르기까지가 쉽지 않습니다. 그러다 보니 다음 단계에 도달하지 못하고 머물러 있거나 중도에 포기해 버리는 경우도 생깁니다. 이런 안타까운 상황을 공자는 이렇게 이야기했습니다.

> 산을 쌓아 올리는 데 마지막 흙 한 삼태기가 모자라 완성하지 못했다면 이는 내가 그만둔 것이고
> (譬如爲山 未成一簣 止 吾止也 비여위산 미성일궤 지 오지야)
> 땅을 고르는 데 흙을 한 삼태기라도 부어서 메웠다면 이는 내가 나아간 것이다.
> (譬如平地 雖覆一簣 進 吾往也 비여평지 수복일궤 진 오왕야)

의학에서 성장은 엘리베이터 올라가듯 일정한 속도로 계속 올라가기보다는 **당장은 성과가 눈에 보이지 않는 지난한 준비의 시간을 거친 후에 때가 되면 한 계단 훌쩍 오르는 형태**에 가까운 듯합니다. 마치 애벌레에서 번데기를 거쳐 나비가 되듯, 조금만 더 기

다리고 노력해서 흙 한 삼태기만 더 올리면 다음 단계로 나아갈 수 있는데 그걸 이겨내지 못한다면 지켜보는 사람 입장에서는 안타까운 일입니다. 좋은 손과 마음을 가지고 있어서 조금만 더 경험을 쌓으면 다음 단계로 올라서서 훨씬 어려운 수술도 잘 해낼 수 있을 것 같은데, 지금 자료에서 변수 몇 개만 더 추가하면 더 훌륭한 논문으로, 더 좋은 학술지에 발표할 수 있을 텐데. 만약 산을 쌓아 올리는 사람 입장에서 너무 지쳐서 도저히 더 이상은 흙 한 줌도 더 쌓기 어려운 상황이라면 과감히 포기할 줄도 알아야겠지만 흙을 조금만 더 부으면 된다는 걸 본인이 미처 모르고 있거나 단지 귀찮아서 머물러 있는 상태라면 조금 더 힘을 내야 할 것입니다. 그걸 어떻게 감별할 수 있을까요? 학생이나 전공의 시절에는 교과과정이나 수련과정이 정해져 있어서 길의 끝이 보이지만 수술이나 연구, 교육, 경영 같은 것은 '졸업(평해진 끝)'이 없어서 내가 어디쯤 와 있는지 가늠하기 어렵습니다. 가능하다면 비슷한 길을 먼저 가본, 그리고 나에 대해서 잘 알고 있는 분의 조언이 도움이 됩니다. 하지만 그건 어디까지나 조언이고 결국 결정은 내가 해야 합니다. 그저 각자의 기준에서 충분히 노력해 보고 버틸 수 있을 때까지 버텨보는 수밖에 없습니다. 스스로 후회하지 않게. 그래서 공자도 "결과가 어찌 되건 내가 그만둔 것이고, 내가 나아간 것이다."라고 했습니다.

힘든 과정을 거쳐 결국 원하던 것을 이룬 후에도 타성에 빠져들 수 있습니다. 성공의 경험은 당사자에게 강렬하게 각인되기 때문에 '이렇게 하니까 되던데'라는 과거의 경험에 사로잡혀서 계속 같은 방식을 고집하기 쉽습니다. 예를 들어, 어떤 방법으로 수술했더니 결과가 괜찮았던 경험이 있다면 새로 나온 더 나은 방법이 있더라도 원래 하던 방식을 계속 고수할 수 있습니다. 환자 입장에서는 더 좋은 치료 결과를 얻을 수 있는 기회를 잃는 셈입니다. 어떤 주제로 논문을 써서 학술상을 받았다면 계속 같은 주제, 같은 방법으로 연구를 이어나가려는 생각이 앞서서 시야가 좁아지거나, '논문을 위한 논문'에서 벗어나지 못하거나, 객관적으로 스스로를 돌아보지 못할 수 있습니다. 피곤해서, 경험이 부족해서, 의지가 부족해서, 그릇이 크지 않아 생기는 타성은 스스로의 성장에만 걸림돌이 되지만 지난 성공에서 벗어나지 못하는 타성은 자칫 주위 사람들이나 환자에게도 나쁜 영향을 줄 수 있습니다. 강을 건넜으면 뗏목은 미련 없이 두고 와야 할 텐데 자꾸 짊어지고 가려는 욕심을 떨쳐내기 쉽지 않습니다. 그래서 논어에도 네 가지를 주의하라는 당부가 나옵니다.

공자가 버린 네 가지가 있으니 편견, 욕심, 고집, 그리고 '나'이다.
(子絶四 毋意 毋必 毋固 毋我 자절사 무의 무필 무고 무아)

편견, 욕심, 고집은 결국 '나'를 내려놓지 못해서 나타나는 현상인 것 같습니다. 어느 정도 경험과 지식이 쌓이면 나도 모르게 아집이 생기기 마련이라 자기 세계에 갇혀버리기 쉽습니다. 특히 누군가의 견제나 간섭 없이 혼자 중요한 결정을 내려야 하는 수술방에서 편견, 욕심, 고집, 아집을 조심해야 합니다.

> 가장 똑똑한 사람은 자신의 생각을 계속 고쳐나가고,
> 이미 해결했다고 생각하는 것들에도
> 문제가 없는지 되돌아보는 사람이다.
> (The smartest people are constantly revising
> their understanding, reconsidering a problem
> they thought they'd already solved.)
> – 제프 베이조스(Jeff Bezos)

내가 얼마나 열린 마음을 가지고 있는지는 누군가 나의 발표나 수술에 대해서 반박이나 충고를 했을 때 담담하게 받아들일 수 있는지, 강한 거부감이 드는지 살펴보면 금방 알 수 있습니다. 다른 사람에게 자신의 잘못을 지적받았을 때 공자는 어떻게 반응했을까요?

나는 행복하다. 나에게 잘못이 있으면 사람들이 반드시 알려주니까.
(丘也幸 苟有過 人必知之 구야행 구유과 인필지지)

모든 의사가 위험한 수술을 해내고, 복잡한 연구를 하고, 큰 조직을 경영하고, 항상 성장하고 발전해야 하는 것은 아닙니다. 현재 상황에 만족할 줄 알고, 반복되는 같은 일의 지겨움도 기꺼이 인내하면서 자리를 지키는 것도 훌륭한 자세입니다. 하지만 그러다 자칫 타성에 젖어 지내게 되면 제자리에도 머물지도 못하고 점점 후퇴하게 됩니다. 나는 같은 자리에 머물러 있더라도 주위 환경과 사람이 계속 변하기 때문입니다. 마치 개울물에서 물고기가 더 이상 헤엄치지 않으면 뒤로 떠내려가는 것처럼. 사람 사이도 마찬가지인 것 같습니다. '이 사람에 대해서 잘 안다'고 생각해서 예전 생각에 머물러 그때 하던 그대로 대한다면 사이가 멀어지기 쉽습니다. 세월은 계속 흐르고 사람도 변해서 이젠 더 이상 10년 전의 그 아내, "아빠 나랑 놀아줘." 하고 매달리던 그 아이, 모든 것이 서툴던 1년 차 전공의 시절의 그 선생님이 아닌데.

인생은 자전거를 타는 것과 같다.
균형을 잡으려면 계속 움직여야 한다.
(Life is like riding a bicycle.

To keep your balance you must keep moving.)

– 알베르트 아인슈타인(Albert Einstein)

타성을 이겨내는 가장 좋은 방법은 한곳에 머무르지 않고 **각자의 위치에서 각자 원하는 방향과 빠르기로 계속 움직이는 자세**인 것 같습니다. 꼭 힘겹게 더 높은, 더 깊은 단계로 나아가는 '수직방향의 변화'만 추구할 필요는 없는 것 같습니다. 변화에는 여러 방향이 있기 때문입니다. 조금만 시선을 돌려서 새로운 분야로 견문을 넓혀보는 '수평방향의 변화'도 좋은 자극이 됩니다. 사람 눈만 보는 게 식상하다면 동물의 눈을 공부해 봐도 좋고, 눈과 관련 있는 신경학이나 심장학을 공부해도 되고, 아예 의학이랑 상관없는 무엇인가를 배우는 것도 좋습니다. 때로는 뒤로 돌아가 보는 것도 좋은 방법입니다. 학생이나 전공의 때 보던 교과서를 다시 보는 것도 새로운 깨달음의 기회가 되고, 중고등학생 수학을 다시 만나보는 것도 재미있는 경험이 될 수 있습니다. 주위를 평소보다 더 자세히 들여다보거나, 더 멀리서 보거나, 거꾸로 보는 것도 방법입니다.

혼자서 타성을 이겨내는 것에는 한계가 있기 때문에 다양한 생각을 가진, 특히 끊임없이 새로운 것을 추구하는 사람들 곁에 있는 것이 도움이 됩니다. 그런 사람들이 있는 직장으로 가는 방법도 있고, 학회나 다양한 모임에 참석해도 좋고, 사람을 만나는 것이 부담스럽다면 다양한 분야의 책이나 최신 논문을 계속 가까이하는 것도 좋습니다. 굳이 논문 전체를 볼 필요 없이 관심 있는 분야 학술지의 제목과 초록 정도만 봐도 훌륭한 자극이 됩니다. 저에게 가장 훌륭한 자극은 스승님의 존재입니다. 서울대병원, 충남대병원, 삼성서울병원을 거쳐 김안과병원에서 여러 제자를 길러내신 안병헌 선생님들의 제자들끼리 만나면 묻는 안부 인사가 바로 "요즘엔 안 선생님 수술 어떻게 하세요?"입니다. 매번 수술 방법이 계속 달라지기 때문입니다. 50년 넘게 해온 수술이지만 제가 상상할 수 있는 모든 경우의 수를 이미 다 경험해 보시고도 아직 새로운 시도할 거리를 계속 생각해 내시고 연구실에 찾아갈 때면 언제나 수술 동영상이나 실험용 현미경 앞에서 뭔가 정리하고 계시는 스승님. 저보다 딱 30세 많으시지만 "황 선생, 섬유주절제술 할 때 테논낭 자른 조각 구워서 공막편 밑에 넣어봤소?" 하실 때의 호기심 가득한 반짝이는 눈빛을 잊을 수 없습니다.

유혹 이겨내기

진료실에서, 수술방에서 하루에도 몇 번씩 유혹에 시달립니다. 가장 자주, 가까이서 만나는 유혹은 '그거 정말 괜찮았는지 한 번 더 확인할까?', '혹시 모르니 이것도 추가로 확인해 볼까?' 생각하다가 바빠서, 피곤해서, 귀찮아서, 다른 일에 신경을 빼앗겨서(특히, 신경을 많이 써야 하는 환자의 진료 직후) 넘어가게 되는 '귀찮음의 유혹'입니다. 장비와 시스템이 발전하고 있지만 각종 오류가 발생할 위험은 여전히 있습니다. 검사 결과 프로그램에 다른 사람 결과가 올라오기도 하고, 검사 항목이 누락되기도 하고, 좌우 검사 결과가 바뀌어서 올라오거나, 보려고 하는 환자의 이름을 클릭했는데 프로그램 연동에 오류가 나면서 다른 사람의 결과가 나오기도 합니다. 다행히 이런 사건은 드물게 일어나는 것이고, 가장 흔한 실수는 제대로 올라온 검사 결과를 정신없이 보다가 놓치는 것입니다. 갈수록 확인해야 할 정보의 양은 많아지는데 진료시간 내내 집중력을 최고조로 유지하기는 어려우니 자칫 중요한 단서를 놓칠 수 있습니다. 그나마 숫자는 비교적 눈에 잘 들어오는데 그림은 배율, 각도, 초점, 밝기가 조금만 달라도 완전히 다르게 보일 수 있어서 더 신경 쓰입니다. 신기하게도 경험이 쌓이면 뭔가 놓친 것이 있을 때 왠지 다시 확인해 보고 싶은 '쎄한 느낌'을 가지게 됩니다. 그 느낌은 꼭 진료 중에만 생기는 것이 아니라 진료를 마칠 때쯤, 퇴근길 지하철에서, 집에서 바닥에 멍하게 누워 있다가 어느 순간 갑자기 나타나곤 합니다. 마치 시간차 공격을 하는 것처럼 일단 눈으로 받아들인 정보가 그때 당시에는 수면 아래에 있다가 나중에 불쑥 튀어나오는 것이 아닐까 싶습니다. 그래서 언제든 '쎄한 느낌'이 찾아왔을 때 귀찮다거나 피곤하다고 넘겨버리고 싶은 유혹을 이겨내려고 노력해 봅니다.

'귀찮음의 유혹'은 특히 미리 확인하고 준비할 것이 많은 수술방에서 중요합니다. 가만 돌이켜 보면 어려울 거라 생각한 수술은 그만큼 미리 준비하게 되어 예상보다 무사히 끝나는 경우가 많고, 특별한 점이 없어서 별생각 없이 평소대로 하던 익숙한 수술에서 오히려 뜻밖의 문제가 생겼던 적이 더 많았던 것 같습니다. 그래서 공자도 이렇게 이야기했습니다.

지혜로운 사람은 유혹에 흔들리지 않고,
(知者不惑 지자불혹)
어진 사람은 걱정하지 않고,
(仁者不憂 인자불우)
용감한 사람은 두려워하지 않는다.
(勇者不懼 용자불구)

이 말을 '의사 버전'으로 바꿔보면 **"지혜로운 의사는 귀찮음의 유혹에 빠지지 않고**(익숙한 수술이라 얕보지 않고), **용감한 의사는 수술을 두려워하지 않는다**(낯설고 어려운 수술도 과감히 도전한다)."가 됩니다. 결국 어려운 수술을 대하는 용감함보다 어찌 보면 평범한 수술을 얕잡아 보지 않고, 성실하게 준비하고 확인하는 현명함이 더 중요할지도 모릅니다. 하지만 그건 생각보다 피곤한 일입니다. 지나치면 강박증이 되어버리기도 합니다. 어느 정도로 생각하고 확인하면 좋을까요? 공자의 답입니다.

계문자는 세 번 생각한 후에야 행동했다.
(季文子三思而後行 계문자삼사이후행)

공자가 이를 듣고 말하기를 "두 번이면 된다."
(子聞之 曰 再斯可矣 자문지 왈 재사가의)

때로는 바르지 못한 길에 대한 유혹을 받기도 합니다. 굳이 수술이 필요하지 않은 상황에서 비싼 수술을 권하거나, 보험금을 타기 유리하게 일부러 합병증을 만들기도 하고, 법의 경계를 넘나들며 환자 유인행위를 하는 사람들이 큰 부와 명성을 얻고, 그게 능력인 듯 당당하게(심지어 양심적이고 고결한 듯한 모습으로 포장해서) 지내는 모습을 보면 '내가 바보인가' 싶은 생각이 들기도 합니다. 그들에게 노하우를 배워 그들처럼 되고 싶어 하는 사람도 있고, 그들과 마주치는 것조차 싫어하는 사람도 있을 것입니다. 그것은 그저 각자 가치관에 따라 선택하고 책임질 일입니다.

실패 이겨내기

　누구나 살면서 수많은 실패를 마주하게 됩니다. 수술 후 예상치 못한 문제가 생기기도 하고, 환자와의 관계가 분노, 불신, 배신, 원망으로 얼룩지기도 하고, 원하던 기회나 사람이나 물건을 얻지 못하기도 하고, 연구 결과가 실망스럽게 나오거나 논문이 계속 출판 거절당하기도 하고, 경제적인 손실을 보기도 합니다. 다른 분야의 실패는 그래도 만회의 기회를 노려볼 수 있지만 수술 분야에서의 실패(의도하지 않은 심각한 합병증이 생긴 상황)는 환자와 의사 모두에게 돌이킬 수 없는 후유증을 안겨줄 수 있습니다. 이미 반대쪽 눈이 실명된 상태에서 마지막 남은 눈의 희미한 시력이라도 살려보려고 녹내장 수술을 하던 중 축출성(expulsive) 출혈이 발생해서 그 자리에서 완전히 실명되어 버리는 일을 겪게 되면 세상이 멈춰

버리는 듯한 **'멘붕의 순간'**을 거쳐, 마음속에 큰 돌덩이가 짓누르는 듯 숨 막히는 **'질식의 시기'**를 보내게 됩니다. 수술 장면이 계속 떠오르고, 뭘 해도 즐겁지 않고, 자꾸 멍해지고, 자다가도 벌떡 일어나고, 진료 명단에 그 환자 이름이 보이면 가슴이 철렁하고, 어딘가로 사라지고 싶은 마음이 듭니다. 당장은 '내가 왜 그랬을까?', '나에게 왜 그런 일이?', '이놈의 수술 이제 그만 접어야지' 하는 부정과 분노의 마음에 압도당할 수 있지만 감정이 가라앉고 적절한 때가 찾아오면 논어에 나오는 이 말을 떠올려 보게 됩니다.

군자는 자기 자신에게서 잘못을 찾고, 소인은 다른 사람에게서 잘못을 찾는다.
(君子求諸己 小人求諸人 군자구저기 소인구저인)

실패를 마주했을 때 가장 중요한 할 일은 **'실패의 성분분석'**인 것 같습니다. 원인을 '의사 요인', '진료 환경 요인', '환자 요인'으로 나누어서 의사 요인부터 돌이켜 봅니다. 꼭 수술을 했어야 하는지, 다른 방법은 없었는지, 그날 나의 컨디션은 어땠는지, 나도 모르게 가지고 있는 잘못된 습관은 없는지, 생각하고 또 생각해 봅니다. 책과 논문을 펼쳐놓고 수술 절차를 하나씩 되짚어 보면서 수술 전 준비사항 중 빠진 것은 없는지, 기구나 약의 용량이 적절했는지, 알려진 위험요인 중 어떤 항목들이 이번에 해당되었는지, 그것들을 미리 조절할 수는 없었는지, 그런 일이 일어났을 때 대처에 아쉬움은 없었는지 살펴봅니다. 실패한 수술과 그렇지 않은 수술을 가만 돌이켜 보면 시작은 작은 차이인 경우가 많습니다. 특히 안과 수술 같은 미세수술은 더욱 그렇습니다. 머리카락보다 가느다란 봉합사 굵기 몇 마이크로미터 차이, 봉합사 바늘이 들어가는 위치 몇 밀리미터 차이, 봉합할 때 실에 걸리는 미세한 장력 차이, 봉합 하나 더 하고 말고의 차이, 약물 농도 영 점 몇 퍼센트의 차이, 튜브가 들어갈 때 각도 몇 도의 차이 같은, 처음에는 신경 쓰던 것들이 익숙해지면서 조금씩 틀어지기도 합니다. 바이올린이나 기타 줄이 연주 중에 조금씩 풀어지듯. 그래서 연주회 전에 악기를 조율하듯 수술 과정도 끊임없이 돌이켜 보고 정교하게 튜닝을 해 **줘야 합니다**.

가능하다면 차분하게 생각을 글로 정리해 보는 것도 좋습니다. 저는 수술 경험을 한참 쌓아가던 시기에는 **'수술 일기'** 노트에 그림을 그려가며 자세히 기록하다가 요즘에는 핵심 내용만 한두 문장으로 요약해서 파일로 저장해 두고 중요한 수술 전에 체크리스트로 활용하고 있습니다. '수술 일기'에 있는 '스터지-웨버(Sturge-Weber) 증후군 환자 수술 시 맥락막상강출혈 주의'라는 짧은 문구가 누군가에겐 스쳐 지나가는 단어 몇 개일지도 모르지만 일기를 쓴 사람에게는 뼈아픈 사연과 깊은 고민의 흔적이 담겨 있는 소중한 자산입니다. 그래서 나만의 '수술 일기'는 마음을 추스르고, 상황을 합리적으로 파악하고, 같은 실패가 반복되는 것을 예방해 주는 좋은 길잡이가 됩니다.

　책, 논문을 찾아보며 혼자 차분하게 생각하는 과정이 가장 중요하지만 그것만으로는 한계가 있기 때문에 어느 정도 단계가 되면 **다른 사람의 의견도** 들어봐야 합니다. 한참 녹내장 수술 때문에 고민 많던 시절, 혼자 아무리 생각해 봐도 답이 보이지 않을 때는 스승님인 안병헌 선생님께 찾아가 말씀드리면 언제나 일말의 망설임 없이 "아, 그건 말이지." 하면서 종이에 그림으로 슥슥 그리면서 바로 길을 보여주시곤 했습니다. 몇 달간 고민해도 해결되지 않던 문제를 말씀드렸더니 "종이 하나 가져와 보시오." 하고는 조그만 메모지에 직선 두 개와 곡선 하나로 명쾌하게 답을 보여주시기도 했습니다. 수술 장면 동영상을 보여드렸을 때는 "황 선생, 고쳐야 할 습관 하나 찾았소." 하며 알려주시기도 하고, 때로는 직접 수술방에서 함께 문제를 해결해 주시기도 했습니다. 학생과 전공의 시절 못지않게 전문의가 되고 나서도 스승님의 존재는 중요합니다. 그 스승님이 꼭 '교육기관 소속, 같은 분야의, 연장자'일 필요는 없습니다. 책이나 동영상이 될 수도 있고, 다른 분야의 사람일 수도 있고, 나보다 어린 사람일 수도 있습니다. 공자가 가장 아낀 제자인 안회의 훌륭한 점을 이야기할 때 강조되는 부분도 '누구에게나 배우는 태도'입니다.

능력이 뛰어나지만 능력이 부족한 사람에게도 묻고
(以能問於不能 이능문어불능)
학식이 많지만 학식이 부족한 사람에게도 물었다.
(以多問於寡 이다문어과)

'실패의 성분분석'이 항상 성공하는 것은 아닙니다. 아무리 생각하고, 공부하고, 물어봐도 그저 어쩔 수 없는 경우도 있습니다. 당장 답을 얻지 못하더라도 의문을 화두 들듯 계속 가지고 있으면 비슷한 사례가 있을 때, 비슷한 논문을 볼 때 눈이 번쩍 떠지는 반가움을 느낄 수 있고, 그 분야를 더 적극적으로 파고드는 동기부여도 됩니다. 그래서 답이 없는 채로 남겨진 의문을 조급해하지 않고 즐기는 자세도 필요한 것 같습니다.

성공을 위한 가장 확실한 방법은 항상 한 번 더 시도하는 것이다.
(The most certain way to succeed is always to try just one more time.)

– 토머스 에디슨(Thomas Edison)

에디슨의 말을 따르자면 실패를 받아들이고, 분석하고, 배우는 과정을 거친 후 할 일은 '다음 수술을 하는 것'입니다. **'수술 실패를 극복하는 가장 좋은 방법은 다음 수술을 시도하는 것'**. 멋진 생각인데 그게 말처럼 쉽지 않습니다. 사실, 실패 앞에서 우리가 할 수 있는 선택에는 인내와 행동 외에도 한 가지가 더 있습니다. 과감하게 내려놓는 것입니다. 의사가 하는 일은 특히 매몰비용이 커서 내려놓기 어려운 것 같습니다. '내가 어떻게 의대에 갔는데', '얼마나 힘들게 이 분야의 경력을 쌓았는데'라는 생각이 어쩌면 더 소중한 기회를 받아들이지 못하게 발목을 잡고 있는지도 모릅니다. 스스로 생각하기에 '그럼에도 불구하고 그 수술을 계속하는 것이 가치 있다'라는 생각이 든다면 끝까지 인내하고 행동해야 하겠지만, 주위 시선이나 상황 때문에 어쩔 수 없이 하고 있다면 나 스스로나 환자에게도 현명한 일은 아닐 것입니다.

편의상 '수술 중 예상치 못한 합병증이 생긴 상황'을 실패의 대표적인 경우로 이야기했지만 사실, 실패는 받아들이는 사람에 따라, 같은 사람에게도 상황이나 시기에 따라 정의가 달라질 수 있습니다. 실험에서 예상했던 결과가 나오지 않으면 누군가는 '실패'로 생각할 수 있지만 또 다른 누군가에겐 '언제나 일어날 수 있는 자연스러운 일'일 수 있고, '그저 거쳐 가는 과정'이 될 수도 있고, 오히려 덕분에 방법을 바꿨더니 더 가치 있는 결과가 나오게 되거나 뜻하지 않은 발견을 하게 되는 '좋은 기회'가 되기도 합니다.

나는 지지 않는다. 이기거나 배울 뿐이다.
(I never lose. I either win or learn.)

— 넬슨 만델라(Nelson Mandela)

같은 사람이라도 그 사건이 일어날 당시 시선의 초점이 어디에 있는지에 따라 사건을 받아들이는 마음이 달라지는 것 같습니다. 경험이 부족하거나 우울하거나 지친 상태에서는 초점이 너무 가까이에 머물러 있어서 당장의 실패에 압도되어 큰 그림을 보지 못하는 한계가 있습니다. 학창 시절 시험 망치고 나서 '나 같은 사람이 훌륭한 의사가 될 수 있을까'라고 생각할 수 있고, 전공의 시절 수술방에서 교수님에게 호되게 야단맞고 '나는 수술에 소질이 없나 봐'라고 자책할 수 있지만 지나고 보면 그때의 일은 그저 지나가는 수많은 사건 중 하나일 뿐이라는 것을 깨닫게 되는 것처럼. 그래서 공자도 이렇게 이야기했습니다.

멀리 내다보지 않으면
(人無遠慮 인무원려)
반드시 가까운 미래에 근심이 생긴다.
(必有近憂 필유근우)

쉽지 않겠지만 특히 실패를 마주할 때는 뒤돌아보고, 자세히 들여다보는 성찰의 시선 못지않게 **멀리 내다보는 시선**이 필요합니다. 실패한 수술의 기억이 너무 압도적이라 그렇지 사실은 성공한 수술의 수가 훨씬 많을 것입니다. 나를 원망하고, 나에게 분노하는 환자의 존재감이 너무 강력해서 그렇지 사실은 나에게 고마워하고 정중하게 대해주는 환자가 훨씬 많을 것입니다. 리뷰어의 신랄한(때로는 도저히 공감할 수 없는) 비판과 함께 논문 출판 거절을 당할 때마다 허탈한 마음을 피할 수 없지만 결국은 구천을 떠돌다가 마침내(비록 처음과 많이 달라진 모습이더라도) 어딘가 학술지에 출판된 논문이 그렇지 못한 논문보다는 많을 것입니다. 무엇보다 그런 과정을 거치면서 알게 모르게 성장하고 있을 것입니다.

모니터 화면에 있는 그림이 여러 픽셀이 모여서 이루어진 것처럼 의사로서의 커리어도 수많은 사건들의 점으로 이루어진 그림으로 볼 수 있습니다. '녹내장 수술 중 발생한 축출성 출혈로 실명된 사건'이라는 점 하나가 **가까이에서 보면 수술의 마침표**처럼 보일지도 모르지만 **멀리서 보면 그저 인생의 수많은 점 중 하나**일 뿐일 수도 있습니다. 나중에 언젠가 연결했을 때 전체 그림의 눈동자가 될 수도 있고, 줄기가 될 수도 있는. 돌이켜 보면 내가 원하는 자리에, 원하는 때에, 원하는 크기와 색으로 찍은 점도 있지만 오히려 더 화려하고, 다양한 모습의 결정적인 순간에 찍힌 점들은 나의 의도와 다르게 찾아온 것들이었습니다. 중요한 건 그저 꾸준히 점을 찍고 연결해 가는 마음이 아닐까 싶습니다.

(지금 당장은 나의 뜻과 달라 보이더라도) 결국 그 점들이 나중에는 이어질 거라는 것은 믿어야 합니다.
(You have to trust that the dots will somehow connect in the future.)

― 스티브 잡스(Steve Jobs)

수술방 주문,
무욕속 무견소리
과유불급

양안 녹내장으로 좌안은 이미 빛도 못 보는 완전 실명 상태이고 우안은 아직 희미하게 시력이 남아 있는 환자가 있습니다. 우안 시력을 살려보려고 몇 달 전에 우안에 안압을 조절하는 수술을 했고, 지난번 외래 방문할 때까지는 안압이 괜찮았는데 오늘 보니 안압이 갑자기 올랐습니다. 이대로 두면 우안마저 완전히 실명될 가능성이 높아 추가로 안압 낮추는 수술을 빨리 해야 합니다. 이때부터 머릿속이 복잡해집니다. 나의 결정에 따라 환자의 인생이 완전히 달라질 수 있다는 생각에 마음의 평정을 지키기 쉽지 않습니다. 다른 생각은 떠오르지 않고, 머릿속에 '이 환자 어떻게 하지?' 하는 생각만 가득합니다. 당장 다음 환자부터 집중이 잘 되지 않습니다. 마음이 급해지고 갑자기 나를 둘러싼 세상이 달리 보입니다.

환자의 이야기가 조금만 길어져도, 검사 결과가 화면에 바로 뜨지 않아도, 대기 환자 수가 금방 줄지 않아도, 심지어 환자가 진료실 들어오고 나가는 그 몇 초마저도 매 순간 숨 막히게 답답한 느낌입니다. 역시나 시간은 상대적인 것입니다.

그렇게 마음 졸이며 외래 진료를 최대한 빨리 마치고 수술방에 뛰어 올라갑니다. 오늘따라 수술 준비하는 간호사들의 행동도 슬로우 모션으로 보입니다. 환자를 침대에 눕히고 안구 뒤쪽에 신속하게 마취 주사를 놓는데, 주사 후 안구가 앞쪽으로 밀려 나오고 눈꺼풀이 딱딱해집니다. 아차! 바늘이 들어간 자리에서 구후출혈(retrobulbar hemorrhage)이 생겼습니다. 마취할 때 겉에서 보이지 않는 안구 뒤쪽 혈관을 다 피할 수는 없지만 그래도 서두르지 않았다면 괜찮지 않았을까 싶은 생각이 듭니다. 다행히 수술을 무사히 마쳤지만 돌이켜 보니 위험천만했습니다.

지나고 나면 보이는 것들이 있습니다. 어차피 지난 외래 진료 후 오늘까지 이미 몇 주의 시간이 흘렀고, 안압이 언제부터 올랐는지 알 수 없는 상황. 수술 시기의 몇 시간 늦고 빠름이 대세에 큰 영향을 줬을까요? 굳이 2층 외래에서 9층 수술방까지 뛰어 올라가야 했을까요? 마취 과정 몇 초 더 빨리한다고 환자에게 도움이 되었을까요? **그저 마음이 급했을 뿐**입니다.

　외래 진료실, 병동, 수술방, 연구실, 의국, 강의실, 실험실, 학회 발표장, 중요하지 않은 곳이 없겠지만 마음 관리가 가장 중요한 장소를 고르라면 아마도 수술방일 것 같습니다. 예상하지 못한 일이 언제든 일어날 수 있고, 그런 상황에서 누군가와의 상의나 도움 없이 즉시 판단하고 실행해야 하기 때문입니다. 그리고 그 결과가 좋건 나쁘건 판단의 책임에서 자유로울 수 없습니다. 그러다 보니 크고 작은 사건을 겪으면서 저도 모르게 수술방에서 항상 떠올리는 세 가지 주문이 생겼습니다. 모두 논어에서 따온 구절들입니다.

급한 마음 다스리기, 무욕속

첫 번째 주문은 공자의 제자인 자하가 스승님에게 어떻게 일을 하면 좋을지 물어봤을 때 공자가 들려준 조언에 있습니다.

급하게 이루려 하지 말고
(無欲速 무욕속)
작은 이익에 눈 팔지 말아라.
(無見小利 무견소리)
서두르면 도달하지 못하고
(欲速則不達 욕속즉부달)
작은 이익에 눈 팔면 큰일을 이루지 못한다.
(見小利則大事不成 견소리즉대사불성)

수술을 '빨리하는 것'이 '잘하는 것'이라 여기는 사람도 있습니다. "나는 백내장 수술 몇 분 만에 끝낸다."라는 것을 공개적으로 자랑하기도 합니다. 수술 중 현미경 빛이나 관류액 같은 요소에 노출되는 시간을 줄이면 좋겠지만 사실은 의학적인 이유보다 그저 수술하는 사람의 마음이나 다른 이유 때문에 서두르게 되는 면도 있을 것입니다. 예를 들면, 수술 빨리 끝내고 외래 진료를 봐야 하거나, 점심 약속 시간 내에 빨리 끝내야 하거나, 퇴근 시간 때문에 마음이 급했거나, 수술 실력이 점점 늘면서 스스로의 속도를 테스트해 보고 싶었거나, 그날따라 기분이 좋아서 말도 행동도 들떠 있었거나, 옆에서 누가 보고 있어서 뽐내고 싶었거나, 수익을 최대한 내보려고 제한된 시간에 수술을 너무 많이 잡았거나. 백내장 수술 분야의 최고수인 선생님이 했던 말이 떠오릅니다. "언젠가 제가 백내장 수술을 받게 된다면 수술하는 선생님에게 꼭 강조하고 싶은 말이 있습니다. 제발 서두르지 말고 천천히 해주세요."

공자는 이제 막 세상에 나서서 중요한 역할을 시작하는 제자에게 가장 먼저 **'급하게 이루려 하지 말라(무욕속)**'고 했습니다. 서두른다고, 물이랑 비료를 더 준다고 열매가 빨리 열리는 것은 아닐 텐데 마음이 자꾸 급해지기 마련입니다. 무엇인가를 이루기 위해서는 노력의 양과 방향 못지않게 숙성되는 시간도 중요할 텐데 그 기다림의 시간을 참지 못하고 서두르다 일을 그르치기 쉽습니다.

 굳이 서두르지 않아도 되는 일을 조급한 마음 때문에 그르치지 않도록 조심하는 것은 그나마 노력하면 조절할 수 있을지도 모릅니다. 더 어려운 것은 물리적인 시간의 관점에서 신속하게 처치해야 하는데 마음은 서두르지 않아야 하는 경우가 아닐까 싶습니다. '손과 머리는 빠르게, 마음은 느긋하게'. 일견 모순되어 보이는 이런 경지가 가능할 것일까요?

 정확하고 안정적인 손, 명쾌한(때로는 과감한) 판단력, 튼튼한 체력, 넓은 시야(주위 상황까지 살필 수 있는 안목), 창의적인 생각, 그리고 평온한 마음을 항상 완벽하게 갖추기는 어려운 일입니다. 이 중 우선순위를 둔다면 가장 중요한 것은 결국 마음이 아닐까 싶습니다. 사람마다 빠르기나 정도의 차이는 있지만 기술이나 지식은 수련의 과정을 거치면서 결국 성장하게 되고, 어느 수준을 넘어가면 실제 현장에서는 큰 차이가 없어지지만, 마음은 시간이 흐른다고 저절로 성장하는 것이 아니고, 한순간 무너져 버리면 완전히 다른 결과를 낳을 수 있기 때문입니다. 그래서 시간이 흐를수록 **'수술은 마음으로 하는 것'**이라는 말에 공감하게 됩니다. 하지만 현실적으로 수술방에서 항상 평온하고, 침착하고, 여유로운 마음과 맑은 판단력을 유지하는 것은 정말 어려운 일입니다.

그러다 보니 많은 의사가 자기만의 '수술을 위한 마음 관리 노하우'를 찾게 됩니다. 그중 가장 대표적인 것이 **'나만의 루틴'**인 것 같습니다. 예측하기 어려운 상황을 무사히 넘겨야 하는 운동선수나 연주자들이 특히 루틴을 더 열심히 관리하는 것 같습니다. 너무 복잡한 루틴에 얽매여서 주객이 전도되어서는 안 되겠지만 어느 정도의 루틴은 서두르고 싶거나 무너지기 쉬운 마음이 들 때 흔들리지 않게 도와주는 안전망의 역할을 합니다. 마치 사고가 나기 쉬운 구간의 도로에서 속도를 줄일 수 있게 해주는 과속방지턱이나 고속도로에서 중앙선을 넘지 않게 해주는 중앙분리대가 있는 것처럼. 제가 좋아하는 '수술방 루틴'은 ① 손가락 끝의 감각이 가장 좋은 손톱 길이를 유지하고(일정한 몸 컨디션 유지), ② 수술방에서 신발을 한쪽 벽에 가지런히 줄 맞춰서 벗어놓고(서두름 방지. 안과 수술을 할 때는 현미경의 발판과 수술장비의 발판을 동시에 사용하는 경우가 많아서 수술 직전에 실내화를 벗는데, 줄 맞춰 가지런히 벗으려면 행동을 천천히 해야 합니다. 좁은 공간에 주차할 때처럼), ③ 미리 준비한 수술 메모를 수술방 벽에 붙여두고(착오 방지. 수술 전에 차트 보면서 수술 메모를 정리하고 차분하게 들여다보면서 빠진 것, 조심해야 할 것은 없는지 확인해 보는 과정이 중요합니다. 복잡하거나 합병증 발생 위험이 높은 수술을 하기 전에는 자기만의 체크리스트나 수술 노트를 보는 것도 좋은 방법입니다), ④ 수술 전과 수술 사이에 명상을 하는 것입니다(일정한 마음 유지. 이전 수술 생각이 다음 수술에 영향을 주지 않게 마음 비우기. 수술 마친 환자가 나가고 다음 환자 들어오는 잠깐의 시간에라도 하려고 노력합니다). ⑤ 그리고 가급적 평온한 마음을 유지하기 위해서 오롯이 수술 생각만 하고 다른 생각이 끼어들지 못하게 수술 전에는 메일을 확인하지 않고, 핸드폰을 보지 않고, 말도 아낍니다. ⑥ 수술방에 들어가서는 몸에 힘을 빼고, 말과 행동을 평소보다 천천히 합니다. 숨 쉬고, 손 씻고, 가운 입고, 수술 의자에 앉는 모든 과정을 평소의 0.8배 정도의 빠르기로 하면서 한 번 더 생각해 봅니다.

수술이 익숙해지면서 잊어버리기 쉬운 것이 기본 자세입니다. 미세수술을 할 때는 현미경과 환자 머리의 각도, 거리, 침대나 수술 의자의 높이, 목과 팔의 각도에 따라 느낌이 많이 다를 수 있는데 처음 수술을 할 때는 그런 것들을 체크하다가 시간이 흐르면 그냥 되는대로 하기 쉽습니다. 별생각 없이 평소대로 수술을 하는데 왠지 잘 안 보이거나 자세가 불편할 때 뒤늦게 세팅이 어긋나 있는 것을 발견하기도 합니다. 대부분의 사건은 작은 틈에서 시작되기 때문에 평소 기본 자세를 확인하는 습관도 중요합니다. 특히, 수술 중에 수시로 손이나 목이나 어깨에 불필요한 힘이 들어가 있지 않는지 스스로 확인하면 도움이 됩니다. 스스로 깨닫는 데에는 한계가 있기 때문에 때때로 나의 수술 자세를 사진을 찍어서 보는 것도 좋은 방법입니다.

작은 것에 말려들지 않기, 무견소리

섬유주절제술에서 마지막 결막 봉합 중인데 봉합을 하나 더 할지 말지 애매합니다. 굳이 안 해도 될 것 같기도 하고, 안전하게 하나 더 하는 것이 좋을 것 같기도 합니다. 마침 사용하던 봉합사가 짧게 남아서 굳이 새 실을 꺼내는 것이 내키지 않아 그냥 내버려뒀는데 다음 날 상태를 보니 수술 부위 방수가 새어서 저안압이 되어버렸습니다. 결국 다시 수술방에서 추가로 결막을 봉합하고 문제가 해결되었습니다. '**작은 귀찮음**', '**작은 재료**'에 사로잡혀 일을 복잡하게 만든 것입니다. 꼭 수술방이 아니더라도 일상생활에서 '소탐대실(小貪大失)'의 사례를 종종 겪게 됩니다. 조금 더 아끼려다 더 큰 손해를 보고, 조금 더 빨리하려다 더 늦게 되고, 조금 더 얻으려다 더 많은 것을 잃게 되고.

공자의 말이 떠오릅니다. 무견소리. 말 그대로 작은 이익에 사로잡혀 중요한 것을 놓치지 말라는 뜻입니다. 한편으로 작은 귀찮음을 이겨내지 못하고 마무리를 소홀히 하지 말라는 당부의 뜻도 있습니다. 그래서 저는 수술 중 가장 중요한 과정은 **'마무리할 때'**라고 생각합니다. 마음이 가장 풀어지기 쉬운 때이기 때문입니다. 운동 경기 중 마지막 결승선을 눈앞에 두고 자랑하고 싶은 순간의 욕심을 이겨내지 못하고 섣부른 세리머니를 하다가 역전을 당하는 선수들의 사례처럼 마지막 한순간의 방심 때문에 일을 그르치지 않도록 노력해 봅니다.

욕심 이겨내기,
과유불급

    섬유주절제술을 받은 눈에 시간이 흐르면서 백내장이 진행됐습니다. 안압 조절이 나쁘지 않았는데 수술방에서 현미경으로 눈을 들여다보니 막상 백내장 수술을 할 부위보다 이전에 섬유주절제술을 한 자리의 여과포가 자꾸 눈에 들어옵니다. 도톰하고 뽀얗게 생긴 전형적인 좋은 모양의 여과포인데 왠지 여과포 벽에 주사침으로 방수 유출로를 조금만 만들어 주면 안압이 더 잘 내려갈 것 같은 생각이 자꾸 듭니다. 유혹을 참지 못하고 여과포를 손봤더니 예상대로 안압이 쑥 내려갑니다. 거기까지는 좋았는데 막상 그 상태에서 백내장 수술을 하다가 결국 초음파유화술 중에 수정체 후낭이 파열되고 말았습니다. 그래도 어찌저찌해서 무사히 마무리했지만 환자에게도, 의사에게도 불필요한 고생을 하게 되었습니다. '조금만 더, 하나만 더' 하는 그 순간의 유혹을 이겨내는 것이 쉽지 않습니다. 그래서 세 번째 수술방 주문은 공자의 제자인 자공이 스승님에게 "제자 두 사람 중 한 사람은 지나치고, 한 사람은 미치지 못한데(부족한데) 미치지 못한 사람보다는 지나친 사람이 더 나은가요?"라고 묻자 공자가 한 대답에 있습니다.

지나친 것은 미치지 못한 것과 같다.
(過猶不及 과유불급)

특히 다른 곳에서 진료를 받던 환자를 보게 되면 약을 추가하거나, 다른 수술을 해보는 식으로 뭔가를 더 해줘야 한다는 생각을 하기 쉽습니다. 하지만 그럴 땐 반대 방향의 선택지도 생각해 봐야 합니다. 환자의 입장을 생각하면 오히려 약을 줄여주거나 수술을 하지 않는 것이 더 좋은 길인 경우도 많기 때문입니다. 처음 수술을 할 때는 그래도 차분하게 결정하게 되지만 수술 후 의도하지 않은 결과로 추가 처치가 필요한 상황이 되었을 때 당황하거나 죄책감이 들어서 '일단 뭔가를 하고 보자'라는 생각을 하게 되면 오히려 일이 더 꼬여버릴 수 있습니다. 그럴 때는 뭔가를 추가로 하는 것이 정말 도움 될지 확실하지 않다면 **뭐라도 더 하고 싶다는 욕심과 빨리 해결해야 한다는 심리적인 압박을 이겨내고 일단 두고 보**

는 것도 좋은 방법입니다. 지금 상황에서 무엇인가를 하는 것이 더 좋다는 확신이 있어도 실제로 해보면 그렇지 않은 경우도 많은데 확신 없이 일단 저지르고 보는 것은 마치 운전 중에 옆 차선에 다른 차가 있는지 확인하지 않고 그냥 차선을 바꾸면서 사고가 날지 말지를 운에 맡기는 것과 같은 행동입니다. 심리적인 압박을 이겨내기 위해서 가장 필요한 것이 '빨리 손을 쓸 것인가, 조금 더 두고 볼 것인가'를 결정할 수 있는 판단력인데 그건 수많은 경험을 통해서 쌓아가는 수밖에 없는 것 같습니다. 때론 너무 서둘러서, 때론 너무 늦어서 실패해 보기도 하면서.

'무욕속, 무견소리, 과유불급'을 조금 더 확장해 봅니다. 너무 빠르거나 느리지 않게, 너무 많거나 부족하지 않게, 너무 높거나 낮지 않게, 너무 크거나 작지 않게, 너무 화려하거나 초라하지 않게, 너무 긴장하거나 나태하지 않게, 너무 거만하거나 비굴하지 않게. 결국 공자가 강조한 **중용(中庸)**과 맞닿아 있습니다. 중용의 뜻을 한 마디로 정의하기 어렵겠지만 '중(中)'을 '어느 한쪽으로 너무 치우치지 않고 균형을 잘 잡는 것', '용(庸)'을 '꾸준하게 유지하는 것'으로 보고 종합해서 '적절한 균형상태를 항상 유지하는 것'으로 봐도 될 것 같습니다. 의과대학생 시절에 배운 '항상성(homeostasis)'과 비슷한 개념입니다. 그리고 보면 **의사가 하는 일의 대부분이 '중**

용'을 지키는 일입니다. 고혈당과 저혈당 사이, 고혈압과 저혈압 사이, 과체중과 저체중 사이, 고칼륨혈증과 저칼륨혈증 사이, 과다 절제와 부족 절제 사이의 중용. 특히 녹내장은 적절한 안압 유지가 첫째 목표라 스승님인 김용연 선생님께서 '녹내장에서 가장 중요한 건 중용'이라고 늘 강조하셨습니다. 중용 중에서도 가장 어려운 것은 역시 '마음의 중용'인 듯합니다. 항상 균형 잡힌 상태를 유지하기는 어렵겠지만 적어도 '내가 서두르고 있구나, 사소한 일에 사로잡혀 있구나, 욕심내고 있구나' 알아차릴 수 있을 정도만 되어도 훌륭한 경지가 아닐까 싶습니다.

공부의 즐거움,
위기지학 호학자

학창 시절부터 공부를 '열심히, 많이, 그리고 잘'해온 사람이라도 막상 '공부가 취미'라거나 '공부가 즐겁다'고 생각하는 경우는 많지 않아 보입니다. 오히려 의사국가고시나 전문의 시험이 끝나고 나면 그간의 압박에서 벗어나려는 듯 일부러 공부를 더 멀리하기도 합니다. '공부'라 하면 막연하게 '학창 시절에 했던 시험을 위한 공부'가 떠오르기 쉽지만 사실 그것은 공부('학문'을 포함하는 포괄적인 의미의)가 가진 여러 면의 일부일 뿐입니다. 반갑게도 논어에는 공부에 진심인 사람들의 이야기가 담겨 있습니다. 첫 시작 문구부터 '공부의 즐거움'을 직설적으로 강조하고 있습니다.

공부하고 그것을(실제 상황에 적용하도록) 익히니 이 어찌 즐겁지 않

은가

(學而時習之 不亦說乎 학이시습지 불역열호)

그리고 이번엔 더욱 강한 어조로 공자 스스로 얼마나 공부를 좋아하는지 밝히고 있습니다.

열 가구의 작은 마을에도 충성과 신의가 훌륭한 사람이 반드시 있겠지만
(十室之邑 必有忠信如丘者焉 십실지읍 필유충신여구자언)
나만큼 공부를 좋아하는 사람은 없을 것이다.
(不如丘之好學也 불여구지호학야)

제자들에게 겸손을 강조한 공자가 스스로 "세상에 나보다 공부 좋아하는 사람은 없을 것이다."라고 이야기할 정도였으니 공부를 얼마나 좋아했는지 짐작해 볼 수 있습니다.

공부의 첫 번째 의미:
성장인자

공부는 관점에 따라 몇 가지로 나누어 볼 수 있습니다. ① 시기에 따라 '기본기를 익히는 시기(의과대학 및 전공의 시절까지)'와 '응용 및 발전의 시기(전문의가 되고 나서부터)', ② 목적에 따라 '수단이 되는 공부(대학과 대학원 시험, 의사 및 전문의 자격시험, 학회 가입이나 교수 발령과 승진을 위한 논문)'와 '그 자체가 목적인 공부(자연, 심리, 역사, 철학, 음악, 미술처럼 의학과 직접 관련 없는 분야를, 또는 의학과 관련된 분야라도 다른 목적 없이, 그냥 좋아서, 알고 싶어서 하는 공부)', ③ 방법에 따라 혼자서 특별한 장비 없이 할 수 있는 '조용한 공부(그저 종이 한 장과 연필만 있어도 즐길 수 있는 수학, 화두 하나로 생각에 잠길 수 있는 마음 공부, 식물도감 하나면 즐길 수 있는 식물 공부)'와 나 말고 다른 대상, 장비, 주위 사람의 도움이 필요한 '함께하는 공부(세포나 동물을 대상으로 하는 실험, 임상 연구, 수술 공부)' 등 여러 종류가 있습니다. 어떠한 종류의 공부이건 공통점은 **나의 '성장 인자'가 된다**는 것입니다. 그 성장이 '자격'이나 '실적'으로 눈에 보이건, 그렇지 않건.

많은 사람들이 성장이 행복의 필수 요소 중 하나라는 점을 강조하고 있습니다. **'행복은 성장하고 있다는 느낌**(sense of progress)**'**이라는 구절은 제가 본 행복의 정의 중 가장 간결하고 명확한 것입니다. 왠지 '성장'이라 하면 '어린이와 청소년 시기'를 떠올리기 쉽지만 '공부를 통한 성장'에는 나이의 제한이 없는듯합니다. 오히려 시간이 흐르면서 쌓인 연륜 덕분에 나이가 들수록 더 성장하기 좋은 부분도 있습니다. 공부를 통한 성장이 나를 행복하게 해준다는 점을 몸소 느낄 수 있다면 공부를 평생의 동반자이자 취미로 여기며 즐겼던 공자의 마음을 조금 더 이해할 수 있게 됩니다. 많은 사람들이 '수단을 위한 공부'에서 벗어나지 못하는 모습이 안타까웠던 공자는 '공부의 의미'를 이렇게 이야기했습니다.

옛 학자들은 스스로를 위해서 공부했는데

(古之學者爲己 고지학자위기)

요즘 학자들은 남에게 알리기 위해 공부한다.

(今之學者爲人 금지학자위인)

결국, '**스스로를 위한 공부(위기지학, 爲己之學)** → 나의 성장 → 행복'이라는 흐름을 공감하고 실천하는 것이 공부를 즐기는 '**호학자(好學者)**'가 되는 출발점이 아닐까 싶습니다.

주위 사람보다 우월하다고 고귀한 것이 아니다.
진정 고귀한 것은 이전의 나를 뛰어넘는 것이다.
(There is nothing noble in being superior to your fellow man;
true nobility is being superior to your former self.)

− 어니스트 헤밍웨이(Ernest Hemingway)

즐거운 공부 (1):
수술 공부

제가 지금까지 해본 공부 중 가장 기억에 남는 것은 '수술 공부'입니다. 수술 공부는 책을 보고 혼자 생각하는 것만으로 할 수 없기에 실제 행동과 다른 사람(환자와 보호자)이 항상 함께 필요합니다. 혼자 조용히 생각하고 느끼는 공부는 누군가에게 직접 영향을 주지는 않지만 수술은 누군가의 일생을 완전히 바꿔버릴 수도 있습니다. 그래서 수술 공부에는 ① **이론**적인 바탕이 되는 책과 논문, ② 그것을 이해하고 더 나아가 응용하고 발전시켜 보려는 나의 **생각**, ③ 그 생각을 실제로 수술방에서 적용해 본 **경험**, 그리고 ④ 내가 가고 있는 길이 맞는지 점검하고 이끌어 줄 혜안을 가진 스승님의 **가르침**이 꼭 필요합니다('수술 공부의 네 가지 필수 요소').

특히 녹내장 수술처럼 아직 한계가 명확한 분야에서는 '어떻게 하면 더 좋은 결과를 낼 수 있을까?' 하는 생각을 항상 하게 됩니다. 새로운 방법이 떠오르면 우선 종이에 그림을 그려보고, 실제 수술에 사용하는 도구를 이용해서 눈 모형에다 시뮬레이션해 보고, 그 결과를 영상 장비로 찍어보고, '생각이 숙성할 시간'을 가진 뒤에 다시 생각해 보고(그때 당시에는 기발해 보였던 생각도 몇 주 뒤에 다시 보면 형편없는 경우도 많습니다), 정말 괜찮다 싶으면 실전에 적용해 봅니다. 그러다 내가 생각한 새로운 방법에 꼭 맞을 것으로 예상되는 수술을 실제로 하게 되면 소풍 전 설레는 기분으로 머릿속에서 온갖 생각이 떠올라 잠을 이루기 어렵습니다. 하지만 막상 실전에 적용해 보면 언제나 권투 선수 마이크 타이슨(Mike Tyson)이 했던 말이 떠오릅니다. "누구나 그럴듯한 계획이 있다. 얼굴을 맞기 전까지는(Everyone has a plan until they get punched in the mouth)."

그저 기대했던 효과가 나타나지 않으면 그나마 다행이지만 오히려 원래 하던 것보다 못한 결과가 나왔을 때는 죄책감 때문에 괴롭습니다. 그러고는 다시 **'이론'**과 **'생각'**의 단계로 돌아가 또 다른 **'경험'**을 해보고, 그래도 답을 찾지 못할 때는 스승님의 **'가르침'**을 청해보기도 합니다. 그런 과정을 반복하다 보면 결국에는 '이렇게 하면 되겠구나' 하는 기쁨의 순간보다는 '역시 다른 사람들이 이렇게 하지 않을 때는 이유가 있었구나', '이렇게 하는 건 아니구나' 하는 깨달음의 순간이 훨씬 많이 찾아옵니다. 저도 그간 녹내장 수술 중 여러 가지 새로운 방법을 시도해 봤지만 결국은 처음 하던 방법에서 크게 벗어나지 않은 곳으로 돌아오게 되었습니다. 결과만 본다면 그간의 노력이 헛수고로 보일 수도 있지만 어쩌면 그게 원래 공부의 모습일지도 모릅니다. 논문에 실린 하나의 멋진 실험 결과('되는 경우') 뒤에는 세상에 알려지지 않은 수많은 '되지 않는 경우'가 있듯이(실제로 연구자들은 얼마나 '되지 않는 경우의 수'의 경험이 많은지를 중요한 자산으로 생각합니다). 중요한 건 어떤 결론에 도달하든 그 과정에 도달하기까지 겪은 과정인 것 같습니다. 당시에는 뜻대로 되지 않으면 괴롭고 답답했지만 돌이켜 보면 수술을 화두로 들고 치열하게 공부한 시절이 소중한 안목과 지식을 쌓으며 가장 많이 성장한 시기였다는 생각이 듭니다. 비록 도달한 곳이 출발점에서 얼마 떨어지지 않은 곳이고 뜻대로 되지 않는 경우의 수만 잔뜩 발견했다 하더라도 그러한 여정을 거친 나는 이전의 나보다는 성장한 모습일 거라 생각합니다. 먼 길 여행을 마치고 다시 출발점으로 돌아온 나의 모습이 이전의 나와 같지 않듯. 그렇게 공부를 통해 달라진, 성장한 나의 모습은 자격이나 학위로 매듭지을 수 있는 것이 아니라 겉으로는 드러나지 않지만 결정적인 순간이 찾아왔을 때 '끝까지 지켜내야 할 것과 과감히 버려야 할 것', '내가 할 수 있는 것과 그렇지 않은 것'을 현명하게 판단할 수 있는 안목을 키워주게 됩니다.

나는 실패한 적이 없다. 그것이 제대로 되지 않는

만 가지의 경우를 찾았을 뿐이다.

(I have not failed. I've just found 10,000 ways that won't work.)

- 토머스 에디슨(Thomas Edison)

즐거운 공부 (2):
임상 연구

'수술 공부'보다 상대적으로 극적인 면은 덜하지만 차분하고 은근한 매력이 있는 공부가 바로 '연구'입니다. 비유하자면 수술이 정해진 시간에, 한정된 도구로, 팀원과 함께, 직접 몸을 써서, 승패나 점수가 결정되는 '스포츠'에 가깝다면 연구는 긴 시간, 생각하거나 관찰하고, 쓰거나 만들고, 고치기를 반복하는 '창작'에 가까운 느낌입니다.

녹내장 검사에 널리 사용되는 빛간섭단층촬영으로 측정한 시신경섬유층 촬영 검사 결과지를 보다가 문득 '검사 중 고개를 살짝 기울이면 결과가 어떻게 나올까' 궁금해졌습니다. 바로 검사실로 달려가서 제 눈을 대상으로 머리를 똑바로 했을 때와 좌우로 기울

였을 때 결과를 비교해 봤더니 예상했던 대로 나왔습니다. 그 정도의 차이라면 검사 결과를 해석할 때 중요한 판단 오류를 유발할 수 있습니다. 그때부터 신이 나서 그 생각에 빠져듭니다. '머리가 얼마나 기울어졌는지 각도를 어떻게 측정할지', '어떤 점들을 이은 선과, 어떤 선 사이의 각도를 측정하면 좋을지' 꼬리에 꼬리를 물고 생각이 이어집니다. 사실 알고 보면 별것 아닌 기본적인 수학인데 그저 그런 생각을 하는 것 자체가 즐겁습니다. 일단 생각이 어느 정도 정리가 되면 종이에 목적, 대상, 방법, 그리고 예상되는 결과를 표와 그림으로 그려봅니다(이 과정은 하얀 종이에 연필로 사각사각 또박또박 써야 제맛입니다). 각 단계가 깔끔하고 명확하다면 다음 단계부터는 그저 신나게 이어나가면 됩니다. (그 사이에 의학연구윤리심의위원회(IRB)의 심사 단계를 거쳐야 하지만) 검사 결과를 모으는 데 2주, 자료 입력하고 통계분석 하고 결과를 정리하는 데 1주, 그리고 논문 작성에 2주 정도면 나름 모양새를 갖춘 논문이 됩니다. 지금까지 가장 즐겁게 썼던 논문 중 하나인 〈The effect of head tilt on the measurements of retinal nerve fibre layer and macular thickness by spectral-domain optical coherence tomography. British Journal of Ophthalmology. 2011 Nov;95(11):1547-51〉의 추억입니다. 그 외에도 연구와 관련된 즐거운 추억이 많습니다. 나무와 호수가 내려다보이는 숲속에서 한국녹내장학회 역학

조사 논문을 마무리하던 **상쾌한** 순간, 안과 분야에서 제일 인용지수가 높은 'Ophthalmology'에 처음으로 논문 채택 메일을 받던 **설레는** 순간, 아침 일찍 출근해서 전날 병원에서 찍은 검사 결과 몇백 장씩 리뷰하다 원하는 케이스를 발견했을 때의 **신나는** 순간, 진료 보면서 경우의 수별로(진단에 따라, 위험요인에 따라, 임상양상에 따라) 검사 결과를 차곡차곡 쌓아가던 **뿌듯함**, 그리고 독특한 현상을 보고 '이름을 어떻게 붙이면 좋을까' 몇 달을 고민하다 우연히 오래된 논문의 흑백사진에서 답을 발견했을 때의 눈이 번쩍 뜨이는 **반가움**까지.

연구라 하면 대학이나 연구기관의 각종 실험기구가 가득한 방에서 여러 명의 연구원들이 밤낮으로 무엇인가를 주입하고, 섞고, 배양하고, 추출하고, 염색하고, 현미경으로 관찰하는 모습을 떠올리기 쉽지만 진료기록을 이용하는 임상 연구 분야는 복잡하고 비싼 장비, 시약, 연구비, 연구원이 없더라도 아이디어만 있으면 이미 작성된 진료기록과 검사 결과를 이용해서 혼자서도 여유롭게 할 수 있는 장점이 있습니다. 오히려 좋은 연구 주제는 누가 봐도 특별한 장비(전 세계에 몇 대 없는 최신식 영상 장비나 치료 장치), 특별한 대상(매우 드문 질환이나 아주 많은 수의 대상), 특별한 환경(풍부한 연구비와 인력)에서 만들어진 것이 아니라 누구나 만날 수 있는 **평범한 진료 환**

경에서 떠오른 '**나만의 경험과 의문**'에서 출발하는 것이라 생각합니다. 예를 들어, 진료를 보다가 경험한 '이 검사 결과만 보면 정상으로 나와서 이상을 놓칠 수 있는 상황'이나 '수술 후 발생한 문제를 해결할 수 있는 새로운 방법'은 임상 연구의 좋은 주제가 됩니다. 그렇게 탄생한 연구는 그 결과가 특별하건 평범하건, 저명한 학술지에 출판되건 말건, '나의 소중한 추억'이 됩니다. 그건 꼭 연구에만 해당되는 일은 아닌듯합니다. 누가 봐도 지능, 예능, 체력, 경제력, 외모 같은 면이 월등히 뛰어나 '누구에게나 특별한 사람'보단 세상의 기준에선 그저 평범한 사람이지만 우리만의 추억을 공유한 '나에게 특별한 사람'이 더 가치 있는 존재이고, 누가 봐도 비싸고 희귀하고 화려한 물건보다 평범하지만 나에게 의미가 있는 물건이 더 소중하듯.

그래서 연구를 즐기는 '호학자'가 되기 위한 출발은 우선 '나의 소중한 추억'이 될 수 있는 **나에게 의미 있는 주제를 찾는 것**입니다. 가장 좋은 주제는 ① 실제로 진료 중에 내가 경험했고, ② 그 주제에 대해서 나 스스로 더 알고 싶은 의지가 있고, ③ 그 결과가 진료 과정에 바로 활용될 수 있는 것입니다. 하지만 처음부터 그런 주제를 떠올리기는 쉽지 않습니다. 참신한 주제가 떠오르지 않을 때는 그저 생각만 하며 괴로워하기보다는 뭐든 일단 시작하는 편이 낫습니다. 그러다 보면 어떻게든, 뭐라도 하게 됩니다. 그래서 저는 '논문을 위한 논문(결과가 뻔히 예상되는)'도 페이스 유지의 관점에서 본다면 어느 정도 필요하다고 생각합니다. 처음 연구를 시작하는 입장에서 효율적으로 주제를 찾을 수 있는 방법은 다른 연구 논문에서 대상이나 방법을 살짝 바꿔보는 것입니다. 예를 들어, 롤모델로 삼은 연구의 대상이 정상안압녹내장이었으면 나는 거짓비늘녹내장으로 바꿔보고, 장비를 빛간섭단층촬영에서 빛간섭단층혈관조영으로 바꿔보는 식입니다. 관심 있는 분야 논문의 '제한점(limitation)'에 나오는 '이런 분야는 보완이나 후속 연구가 필요하다'라는 부분에서도 힌트를 얻을 수 있습니다.

아무리 의미 있는 주제라 하더라도 그 과정이 너무 험난하고 오랜 시간이 필요하다면 도중에 지치기 쉽습니다. 특히 전공의나 대학원 시절에 교수님이 모호하게 시키는(거창한 목표, 많은 변수, 균일하지 않은 대상, 복잡한 통계, '알아서 필요한 결과를 만들어 오라'는 식의 명확하지 않은 방향 제시) 연구를 할 때 더욱 그럴 수 있습니다. 그래서 '호학자'가 되기 위한 두 번째 방법은 **'간단명료하게 하는 것'**입니다. 주제는 구체적이고 명확할수록, 내가 정말 궁금한 것일수록, 실제 진료실에서 바로 적용할 수 있을수록 좋습니다. 특히 **연구 대상**(진단 기준, 선정 및 제외 기준, 여러 군을 나누는 기준)을 선택할 때 기준을 깔끔하고 확실하게 정해야 하고 **핵심 변수**(성공과 실패의 정의, 독립변수와 종속변수, 영향 요인)의 정의도 막연한 나의 생각을 따르기보다는 다른 논문에서 통용되는 기준을 인용하여 단어 하나하나 따져보며 신중하게 결정하는 것이 중요합니다. 대상과 변수는 선정과 정의 단계에서 잘못되면 나중에 보완하기가 어렵기 때문입니다(차트리뷰와 통계분석을 처음부터 새로 해야 할 수도 있습니다). '세상을 바꾸는 연구', '저명한 학술지에 실리는 연구', '무슨 상을 위한 연구' 같은 욕심을 버리고 그저 경기마다 꾸준히 안타 몇 개씩 치는 선수가 된다는 느낌으로 접근하다 보면 가끔 홈런의 기회가 오기도 하지만 처음부터 홈런왕이 되려고 하면 계속 헛스윙만 크게 내지르게 되는 것 같습니다.

사람들이 읽을 수 있도록 간결하게, 이해할 수 있도록 명확히게,

기억할 수 있도록 그림을 그리듯이, 그리고 무엇보다 독자에게

도움이 될 수 있도록 바르게 써라

(때로는 '간결하게 써라. 그러면 읽힐 것이다. 명확하게 써라.

그러면 이해될 것이다. 그림을 그리듯 써라.

그러면 기억될 것이다'라고 의역하여 인용되기도 합니다).

(Put it before them briefly so they will read it, clearly so they will appreciate it,

picturesquely so they will remember it, and above all,

accurately so they will be guided by its light.)

― 요세프 퓰리처(Joseph Pulitzer)

'**간결하고**(읽히고)', '**명확하고**(이해되고)', '**그림을 그리듯**(기억되고)', 그리고 '**바른**(실제 진료에 바로 도움이 되는)' 연구. 퓰리처가 한 이 말이야말로 임상 연구의 핵심이 가장 잘 담긴 표현이 아닐까 싶습니다.

당연한 이야기지만 연구가 항상 즐거울 수는 없습니다. 의미 있는 결과가 나오지 않거나, 내가 한 생각을 다른 연구자가 한발 먼저 발표해 버리거나, 정성스럽게 쓴 논문이 매서운(때로는 어이없는, 억울한) 공격을 받거나, 학술지 심사 과정 중 몇 개월씩 이유 없이 방치되고 홀대받을 때는 허탈하고 우울하기도 하지만 가장 훌륭한 야구 선수의 타율도 0.4 정도이고(즉, 논문을 열 번 제출해서 여섯 번 이하로 출판 거절당하면 잘하고 있다는 뜻), 노벨상 수상자의 연구도 리뷰어들에게 만신창이가 되도록 공격받고 출판 거절당하기도 하고, 저 유명한 《해리 포터(Harry Potter)》 시리즈도 처음에는 12곳의 출판사에서 거절당했다는 사실을 떠올리며 시간이 흐를수록 점점 뜻대로 되지 않는 일을 무던하게 받아들이게 됩니다. 사실, 리뷰어의 수준도 '교수님의 지시를 받고 대신하는 전공의나 펠로우'부터 '세계적인 대가'까지 너무 다양해서 모든 리뷰어의 의견을 너무 진지하게 받아들일 필요 없다는 생각이 듭니다. 때로는 리뷰어의 지적에 동의하기 어려우면 억지로 맞추기보다는 그냥 '세상은 넓고 학술지는 많다'는 생각으로 '수정 거부(decline to revise)' 하고 다른 학술지에 내는 것이 연구자의 정신건강에 더 좋을 때도 있습니다.

  수술과 연구를 공부의 대표적인 예로 들었지만 직업과 상관없이 여유롭게, 가벼운 마음으로 즐길 수 있는 공부도 많이 있습니다. 여행을 다녀와서 그 지역의 역사에 대해서 찾아보기, 물고기나 동물 이름 찾아보기, 동네에 있는 나무와 풀의 이름 찾아보기, 마음에 와닿았던 음악의 작곡 배경을 알아보고 그 작곡가의 다른 곡도 찾아서 들어보기(더 나아가 악보를 찾아보고, 직접 연주도 해보고), 외국어와 한자 공부하기, 등등. 그런 과정을 거치고 나면 그 지역에 대해서 더 깊이 들여다볼 수 있고, 자연을 더 자세히, 가까이 느낄 수 있고, 미처 들리지 않던 것, 보이지 않았던 것들을 보고 들을 수 있는 안목이 생겨나게 됩니다. 그렇게 더 넓고 깊어진 안목은 세상을 더 풍요롭고 다채롭게 만들어 줍니다.

공부의 두 번째 의미: 몰입의 즐거움

　공부가 즐거운 첫 번째 이유는 나 자신의 성장에 도움이 되고 그 느낌이 뿌듯하고 행복하기 때문입니다. 하지만 공부에는 무엇인가에 도움이 되고 말고를 떠나 '그저 그 자체가 즐거운' 면도 있습니다. 공자는 그 즐거움을 이렇게 표현했습니다.

무엇인가에 빠져들면 먹는 것도 잊고
(發憤忘食 발분망식)
즐거운 마음에 걱정을 잊고
(樂以忘憂 낙이망우)
세월이 흘러가는 것조차 잊는다.
(不知老之將至云爾 부지노지장지운)

'먹는 것도, 걱정도, 세월도 잊고, 그저 즐겁다'. 모든 것을 잊고 무엇인가에 빠져드는 **'몰입(沒入, flow)의 즐거움'**을 너무 잘 나타낸 문구입니다. 돌이켜 보면 저에게도 가장 행복했던 시절은 무엇인가에 몰입해 있던 때였던 것 같습니다. 그동안 느꼈던 몰입의 순간을 떠올려 보면 그 시작의 계기에 따라 '자연스럽게 찾아오는 몰입, 내가 의도하는 몰입, 어쩔 수 없이 해야만 하는 몰입', 대상에 따라 '일과 관련된 몰입과 그렇지 않은 몰입', 정도에 따라 '깊은 몰입과 가벼운 몰입'으로 나누어 볼 수 있을 듯합니다.

가장 익숙한 몰입은 진료실에서 상황이 복잡해서 도대체 왜 이렇게 되었는지 파악이 되지 않을 때, 할 수 있는 것은 다 해봤는데도 나빠지고 있어서 어떻게 해야 할지 답이 떠오르지 않을 때, 수술 중 손 하나 잘못 까딱하면 돌이킬 수 없는 일이 벌어질 수 있는 결정적인 순간, 수술 중 뜻밖의 사건이 갑자기 닥쳤을 때, 그리고 그러한 상황을 지금 당장 이 자리에서 나 스스로 해결해야 하는 순간에 찾아오는 '어쩔 수 없이 찾아오는, 일과 관련된 몰입'인 것 같습니다. 이렇게 진료 중에 만나는 몰입의 순간은 다행히 잘 해결되면 큰 성취감을 주기도 하지만 그 강도가 높고 무게와 긴장감이 커서 때로는 피로감이 성취감을 압도하기도 합니다(사람마다 다르겠지만 저에겐 피로감이 더 강하게 다가왔습니다). 무엇보다 그런 상황에서는 내가 몰입의 대상과 정도를 조절할 수 없기 때문에 편안하게 즐길 수 없습니다. 그래서인지 즐거운 몰입의 순간은 내가 원하는 때에, 원하는 장소에서, 원하는 주제를 대상으로, 원하는 정도로 할 때 찾아오는 것 같습니다.

다행히 '자연스럽게 찾아오는, 일과 관련 없는, 가벼운 몰입의 순간'은 일상에서도 어렵지 않게 만날 수 있습니다. 어쩌면 몰입은 우리 모두가 어릴 때 자연스럽게 하던 '멍 때리기'와 비슷한 일인지도 모릅니다. 뒷동산 바위에 누워서 시간 가는 줄 모르고 흔들리는 나뭇잎과 흘러가는 구름을 바라보던 순간, 바닷가에서 반짝이는 물결을 바라보던 순간, 해 질 무렵 서서히 변해가는 하늘을 바라보던 순간이 모두 '그저 그 순간을 온전히 받아들이는' 몰입의 순간이었던 것 같습니다. 그럴 땐 시간이 평소와 다르게 흘러가는 것 같고 다른 세상에 온 것 같은 느낌이 들기도 합니다.

자연스럽게 빠져드는 몰입도 소중하지만 내가 직접 이끄는 생각이나 행동을 통한 몰입은 또 다른 느낌의 즐거움을 안겨줍니다. 그런 면에서 **공부는 '내가 의도하는 몰입'을 이끌 수 있는 좋은 대상, 재료, 그리고 방편**입니다. 학창 시절에 외부인은 출입이 금지된 깊은 산 속의 작은 암자를 잠시 방문할 기회가 있었습니다. 그

때 봤던 계곡물이 흐르는 바위 위에 가부좌를 틀고 앉아 시간과 공간을 초월하여 삼매(마음 공부)에 든 스님의 모습이 지금도 선명하게 떠오릅니다. 초등학생 시절, 학교 다녀오면 안방에서 참선하고 계시던 어머니 모습을 보며 '저게 그렇게 좋으실까' 하고 신기하게 생각하기도 했습니다. 제가 예전에 안과 전문병원에 근무하면서 가장 행복했던 순간이 바로 아침 지하철에서 몰입하는 시간이었습니다. 한참 논문 쓰는 것이 즐거웠던 시절, 지하철 2호선 열차에 올라 종이에 출력한 논문을 읽고, 생각하고, 파란색 펜으로 메모하다 보면 잠깐 눈 한 번 깜빡인 것 같은데 벌써 정류장 16곳을 지나고 있습니다. 심지어 내릴 곳을 지나치기 일쑤입니다. 그 기간에 나온 논문, 책, 병원과 학회 자료의 대부분이 지하철에서 탄생했습니다. 지하철에서 생각만 충분히 정리되면 병원에 도착해서 글이나 그림으로 쓰고 만드는 것은 그리 어렵지 않습니다. 그럴 땐 밤에 잠을 자는 것이 동영상 재생 중 '일시 정지' 한 것 같은 상태가 되어 아침에 일어나서 바로 논문 생각을 이어가게 되고 때로는 베개 옆에 종이와 펜을 항상 두고 새벽에 자다 일어나 메모를 하고 다시 잠들기도 합니다.

몰입을 하는 동안 얻는 느낌은 사람마다 다를 것 같습니다. 저는 몰입 상태에서 '조용하고 차분한 가운데 은근하게 느껴지는 맑고 상쾌한 기분'을 주로 경험합니다. 아마도 몰입을 하는 동안 머리와 마음이 몰입의 대상으로 가득 채워지고 다른 것들이 비워지면서 나타나는 **'머리와 마음의 청소'** 같은 현상이 아닐까 싶습니다. 불가에서 이야기하는 "비움이 곧 채움이고, 채움이 곧 비움이다(空卽 實 實卽空)."라는 말이 떠오릅니다. 몰입은 일의 능률을 올리는 장점도 있지만 무엇보다 그 자체가 즐거운 경험이기 때문에 내가 스스로 원해서, 나 자신을 위해서 하는 것이 중요합니다. 어떤 환경(시간, 장소, 밝기, 소리, 자세)에서, 어떤 대상에 몰입하기 좋은지 각자 경험에 따라 시행착오를 충분히 거쳐보고 하루 중이나 일주일 중 어느 정도는(예를 들면, 출퇴근 시간의 지하철, 아이 학원 기다리는 시간의 근처 카페 같은) 몰입의 시간을 가지면 좋습니다. 하지만 '깊은 몰입'에는 충분한 시간이 필요하기 때문에 1년에 며칠 정도는 '몰입을 위한 휴가'를 내고 온전히 몰입에 전념해 보는 것도 좋은 방법입니다.

몰입은 즐거운 경험이지만 부작용도 있습니다. 몰입을 하게 되면 주위에서 하는 이야기가 들리지 않기 때문에 본의 아니게 상대방의 말을 무시하게 되고, 몰입 상태에서 대화를 할 때는 마치 잠꼬대처럼 나의 의지와 상관없는 말이 나오기도 하고, 그때 했던 말은 나중에 기억이 나지도 않기 때문에 '깊은 몰입'은 혼자 충분한 시간을 보낼 수 있는 여건이 갖추어졌을 때만 하는 것이 좋습니다

(자주 찾아오지 않는 소중한 기회입니다). 몰입은 잘하는 것 못지않게 잘 빠져나오는 것도 중요합니다. 몰입을 하고 있는 동안은 다른 세계에 있는 듯한 상태이기 때문에 갑자기 그 흐름이 끊어지게 되면 현실세계에 적응할 시간이 필요합니다. 마치 달리던 자동차가 갑자기 멈출 때 제동거리가 필요한 것처럼. 그렇기 때문에 열심히 몰입하다 누군가에 의해서 갑자기 흐름이 끊기면 불쾌한 느낌이 한참 지속되기도 합니다. 나에게 맞는 환경에서 몇 시간, 며칠 이어서 몰입할 수 있으면 좋겠지만 일부 연구소나 대학을 제외한 대부분의 직장이나 가정에서 그런 여건을 마련하기는 어렵습니다. 그저 환경에 맞게, 주위에 피해를 주지 않는 정도로 몰입의 순간을 잘 이어갈 수 있게 노력해 봅니다.

공부의 함정

 당연한 이야기지만 공부에는 성취감과 즐거움만 있지는 않습니다. 기대만큼 진도가 나가지 않을 때는 힘들고 답답한 순간도 많지만 가장 조심해야 하는 때는 오히려 진도가 잘 나가고 어느 정도 단계에 도달한 시기인 것 같습니다. 돌이켜 보면 객관적인 실력을 떠나서 제가 녹내장에 관해서 가장 자신감이 높았던 시기는 펠로우(전임의) 과정을 마친 직후였던 것 같습니다(자신감이 충만한 것이 꼭 나쁜 것은 아닙니다만). 지금 와서 '그때 왜 그랬을까' 돌이켜 보니 녹내장과 관련된 단어, 진단, 치료에 이제 막 익숙해졌기 때문이 아니었을까 싶습니다. 그래서 공부 중에 조심해야 하는 것이 바로 **'익숙한 것과 아는 것을 착각하지 않는 분별력'**이라 생각합니다. 사실 이런 착각은 우리가 일상에서 흔하게 겪는 것입니다. 예를 들어,

대가의 수술 영상을 반복해서 보다 보면 익숙해져서 당장 나도 그렇게 할 수 있을 것 같은 마음이 들지만 실제로 해보면 생각하던 것과 많이 다르다는 것을 깨닫게 됩니다. 직장이나 동네에서 오가며 자주 마주치는 사람을 '아는 사람'으로 생각할 수 있지만 막상 중요한 그 사람의 성격, 생각, 지나온 길 같은 것들은 모르는, 그저 얼굴이 '익숙한 사람'일 뿐인 경우도 많습니다. 수학 문제를 풀 때도 같은 문제를 계속 풀다 보면 '아는 문제'로 생각할 수 있지만 (나중에는 그 정답이 너무 당연하게 느껴지기까지 합니다), 사실 조금만 내용을 바꿔도 바로 막혀버리는 그저 '익숙한 문제'일 뿐인 경우도 많습니다. 그래서 익숙한 것을 안다고 착각하는 것보다 차라리 낯선 상황이 선입견 없이 다가가기 더 좋을지도 모릅니다. 공자가 제자인 자로에게 들려준 충고입니다.

아는 것을 안다고 하고

(知之爲知之 지지위지지)

모르는 것을 모른다고 하는 것.

(不知爲不知 부지위부지)

이것이 아는 것이다.

(是知也 시지야)

두 가지 모두 어려운 일이지만 핵심은 '**모르는 것을 모른다고 하는 것**', '내가 공부하는 전체 분야 중 아직 모르는 부분이 어느 정도인지 파악하는 것'입니다. 문제는 범위가 정해져 있는 학창 시절의 공부와 달리 이후의 공부는 내가 어디까지 알고 모르는지조차 파악하기 어렵다는 것입니다. 그래서 적어도 한 분야는 끝까지 파고들어 공부해 보는 경험이 필요합니다. 사람마다 의견이 다르겠지만 저는 그 과정이 바로 전공의와 펠로우라고 생각합니다. 소중한 나의 인생(그것도 황금 같은 젊은 시기의) 몇 년의 대부분을 먹고 자는 시간마저 아껴가며 수련에 온전히 바쳐보고, 평생 그 분야의 연구에 몰두한 사람은 어떤 경지인지 곁에서 직접 살펴보고, 보기만 하던 수술을 직접 해보며 이상과 현실의 차이를 깨닫고, 각종 학술 모임을 통해서 자신의 무지함을 적나라하게 느껴보고, 도저히 끝이 보이지 않을 것 같은 차트리뷰를 해보며 "어떤 치료가 어떤 병에 효과가 있다."라는 한마디를 위해 얼마나 큰 노력이 필요한지 절절하게 깨닫는 과정이 필요합니다. 어떤 병으로 죽어가는 사람의 진단부터 수술, 그리고 임종의 과정을 그 사람의 담당의가 되어 곁에서 직접 겪어본 사람과 어깨너머로 보고 상상하는 사람의 생각의 폭과 깊이는 다를 것입니다.

우리가 아는 것은 물 한 방울이고, 우리가 모르는 것은 바다이다.

(What we know is a drop, what we don't know is an ocean.)

— 아이작 뉴턴(Isaac Newton)

각자 생각이 다르겠지만 제가 이상적으로 생각하는 의학에서 '아는 것'의 정의는 두 가지입니다. 첫째는 **그 분야의 내 연구 결과로 리뷰 논문을 쓸 수 있고 내가 모은 연구자료를 바탕으로 '나만의 이야기'를 풀어갈 수 있는 상태**입니다. 리뷰 논문을 쓰려면 발생기전, 유병률, 위험요인, 진단, 치료에 관한 문장 하나하나마다 근거자료가 있어야 하는데 각 항목마다 나의 연구 결과가 있다는 것은 그 분야를 폭넓게 연구했다는 뜻이고, 그 생각의 근거가 나의 연구 결과라는 것은 나 스스로 생각하고 경험한 것을 막연하게 짐작하여 결론짓지 않고 실제 자료를 바탕으로 되돌아보고, 논문으로 작성하면서 깊은 생각의 과정을 거치고, 학술지에 두고하면서 다른 전문가들의 검증을 거쳤다는 뜻이기 때문입니다. 하나의 주제를 오래, 깊게, 넓게 연구하다 보면 수많은 시행착오를 통해 자신의 생각을 꾸준히 확장하고 수정해 가는 과정을 거치게 되고, 그 과정의 연구의 결과를 하나의 주제를 관통하는 이야기로 정리할 수 있습니다. 세상을 바꿀 대단한 법칙이 아니더라도 그저 자신의 전문 분야에서 '이런 상황에서는 이런 검사 결과를 주의해야 한다', '이런 상황에서는 이런 치료가 도움이 된다'는 정도의 생각을 자신의 실제 자료를 바탕으로 정리할 수 있다면, 그리고 그 생각이 다른 전문가들에게 인정받고, 실제 진료에 활용될 수 있다면 훌륭한 경지인 것 같습니다.

'아는 것'의 두 번째 정의는 **책과 논문에 나오는 치료와 관련된 합병증을 대부분 직접 경험해 본 상태**입니다. 합병증이라 하면 의료진의 실수를 먼저 떠올리기 쉽지만 실제로는 상황 자체가 불가피한 경우가 훨씬 많습니다. 예를 들어, 신생혈관이 심하게 생겨 있거나 혈관 이상이 있는 눈에 녹내장 수술을 한다면 출혈이라는 합병증은 아무리 조심해도 피할 수 없는 경우가 많습니다. 따라서 알려진 합병증을 대부분 경험해 봤다는 것은 어려운 수술이라고 피하거나 항상 같은 길만 가지 않고 다양한 조건에서 수많은 시도를 해봤다는 뜻입니다. 의대생 시절 책에서, 전공의 시절 교수님 옆에서, 학회에서 다른 사람의 경험을 간접적으로 본 것과 내가 직접 집도의가 되어서 경험하는 것은 완전히 다른 느낌입니다. 그건 마치 글자로 "뜨거운 물 주의"라는 문구를 보는 것과 직접 뜨거운 물에 닿아서 화들짝 놀라는 강렬한 경험을 해보는 것의 차이만큼 큰 것입니다. 그렇게 몸으로 얻은 경험은 잊기 어렵습니다. 특히 수술 분야는 직접 겪지 않으면 알지 못하는 것이 많습니다. 예를 들어, '스터지-웨버 증후군(Sturge-Weber syndrome) 환자의 녹내장 수술'이라는 말을 들었을 때, 본인이 직접 겪은 경험이 부족하다면 그냥 책에서 본 그림과 글자 정도가 막연하게 떠오르겠지만 직접 겪어본 사람이라면 본인의 수술 경험 장면과 그때 당시의 마음을 생생하게 떠올릴 수 있습니다. 그런 상태에서는 책이나 논문에 나오는 내용도 입체적으로, 살아 움직이는 글자와 그림으로 보입니다. 그야말로 '**활구**(活句, 살아 있는 글자)'입니다. 그렇게 경험이 쌓이며 책(흔한, 중요한 내용)과 논문에 나오는(증례보고 정도로 드문) 합병증을 거의 겪어본 단계에서는 수술 중 예상치 못한 상황이 닥치더라도 다양한 경우의 수에 따른 플로차트가 머릿속에 선명하게 그려집니다. 운전 중에 목적지로 가는 길이 예상치 못한 일로 막히면 다음엔 어떤 길이 좋을지 현재 도로 사정과 운전자의 선호도에 따라 길을 찾아 선택지를 보여주는 내비게이션처럼. 덕분에 가는 길이 멀고 힘들더라도 방향이 선명하게 그려진다면 불필요한 방황과 에너지 소모를 줄일 수 있게 됩니다. 그렇다면 어느 정도 경험을 해봐야 "이 수술과 관련한 합병증을 대부분 겪어봤다(그래서 이 수술을 안다)."고 할 수 있을까요? 아마 수술마다 많이 다를 것 같습니다. 제가 주로 하고 있는 녹내장 수술은 '이제 경험이 좀 쌓였나' 싶으면 어김없이 경험해 보지 못한 새로운 합병증이 나타나곤 합니다. 그 새로운 합병증 중에는 이전과 다른, 이전보다 어려운 상황에서 생기는 것들도 있지만 너무나 익숙하고 당연해서 차마 그 상황에서 그 일이 생길 거라 예상하지 못한 것들도 있습니다. 그래서 수술 앞에서는 시간이 흐를수록 더 겸손할 수밖에 없습니다. 그나마 다행인 것은 그 빈도가 예전보다 많이 줄고, 완전히 같지는 않더라도 비슷한 사례를 겪어봤기 때문에 방향을 더 빨리 잡을 수 있다는 점입니다.

> 모든 외과 의사는 마음 속에 작은 공동묘지를 지니고 있다.
> (Tout chirurgien porte en lui un petit cimetière.)
> – 르네 르리슈(René Leriche)

'익숙한 것'의 함정에 빠지지 않기 위해서는 '내가 안다고 생각하는 것이 정말 아는 것인지' 계속 떠올려 보는 태도가 필요합니다. 예를 들어, 우리가 수술방에서 매일 부르고 있는 실의 이름이 왜 '10-0 nylon'인지, 수술할 때마다 보는 조직인 '테논낭(Tenon's capsule)'은 왜 이름이 테논낭인지, 가만 떠올려 보면 모르는 것이 너무 많습니다. 어쩌면 **'당연하다고 생각하던 것을 당연하지 않게 바라보는 것'**이야 말로 공부의 출발점이 아닐까 싶습니다.

인생을 살아가는 방법은 두 가지이다. 하나는 세상에 기적은 없다고 생각하는 것이고, 다른 하나는 모든 것이 기적이라 생각하는 것이다.

(There are only two ways to live your life. One is as though nothing is a miracle. The other is as though everything is a miracle.)

— 알베르트 아인슈타인(Albert Einstein)

번아웃을 만나면, 불혹

대학에 남은 친구들은 교수가 되어 병원, 학교, 학회에서 중요한 역할을 하고 있고, 개원가에 있는 친구들은 자기 병원 개원해서 자리를 잡아가고 있는데, 나는 교수가 되지도 못하고, '내 병원'도 없고, 언제 나가야 할지 모르는 봉직의 생활에, 여기저기에서 "황 선생 아니면 누가 하겠어." 하면서 시키는 일만 자꾸 쌓여갑니다. 예전엔 그런 것도 좋은 경험이라 생각하고 나름 열심히 했는데 시간이 흐를수록 '내가 왜? 누구 좋으라고?' 하는 생각이 점점 커집니다. 몸도 마음도 지켜서 예전에는 즐겁던 것들이 별로 흥미롭지 않고 아무것도 하기 싫어집니다. 논문 쓰려고 문서파일 열었다가 한 줄도 못 쓰고 닫기를 반복하고 있습니다. 이렇게 계속 지내야 하는지 숨 막히고 불안한 마음이 듭니다.

2018년, 40세 되던 해에 저를 가장 괴롭히던 생각입니다. 20대와 30대에 생각했던 40대의 모습은 원하던 꿈을 이루고 여유롭고 안정적인 모습이었는데 오히려 질풍노도의 사춘기 시절로 돌아간 것 같습니다. 원래 그맘때가 그런 걸까요? 공자는 어땠을까요?

> 나는 15세에 학문에 뜻을 두었고
> (吾十有五而志於學 오십유오이지어학)
> 30세에 그 뜻을 확실하게 세우고
> (三十而立 삼십이립)
> 40세에는 흔들리지 않게 되었고
> (四十而不惑 사십이불혹)
> 50세에는 세상의 이치를 알게 되었고
> (五十而知天命 오십이지천명)
> 60세에는 세상을 있는 그대로 받아들이게 되었고
> (六十而耳順 육십이이순)
> 70세에는 마음 가는 대로 해도 도리를 벗어나지 않았다.
> (七十而從心所欲不踰矩 칠십이종심소욕불유구)

40세가 되어서는 흔들리지 않았다니! 공자가 살던 시대의 40세와 지금의 40세가 가지는 사회적인 위치가 다를 것이고, 사람마다 인생의 방향과 빠르기가 다르겠지만, 그래도 이 말은 40세가 넘어서도 수시로 흔들리는 수많은 사람들을 좌절시켰을 것 같습니다. 나이 40에 "무엇을 이루었다."고 이야기할 수도 있었을 텐데 굳이 "흔들림이 없었다."고 한 이유를 가만 생각해 보면 원래 그 시기에 흔들리기 쉽기 때문인지도 모르겠습니다. 그러니 공자의 '불혹'이라는 말은 "그때가 흔들릴 때이니 조심해라."는 뜻으로도 받아들일 수 있을 것 같습니다. '나이 40'도 그냥 '생물학적인 40세'로 받아들이기보다는 사회 경험의 정도를 기준으로 볼 때 의과대학 입학해서 6년, 인턴과 전공의 5년, 군의관 3년까지 하고 나면 빨라도 30세가 넘으니 '전문의가(의사가) 되고 10년 뒤의 시기' 정도로 생각하면 적당할 듯합니다.

번아웃의 원인:
피로와 자괴감

　의과대학과 전공의 시절까지는 정해진 길을 정해진 빠르기로 가게 됩니다. 능력이 뛰어나다고 혼자 다른 방법으로 검사나 처치를 할 수 없고, 전공의 1년 차에서 바로 4년 차가 될 수는 없습니다. 반대로 남들보다 느리거나 능력이 부족하더라도 어떻게든 정해진 시간을 버티면 대부분 1년 차에서 2년 차로 올라갑니다. 지금 힘들더라도 의사가, 전문의가 될 그날을 생각하면서 견뎌내게 됩니다. 그러다 전문의가 되고 나면 상황이 많이 달라집니다. 같은 양식장에서 자란 물고기들을 동시에 바다에 풀어놓는 장면을 떠올려 봅니다. 누군가는 먼바다를 향해 전력으로 헤엄쳐 나갈 것이고, 누군가는 틀을 깨고 바다를 벗어날 것이고, 누군가는 그 자리 근처에 계속 머물 것이고, 누군가는 여기저기 방황하고 있을 것입니다. 그렇게 10년의 세월이 흐르고 나면, 각자의 자리에서 '너무 여유 없이 달려오기만 했나', '내가 맞게 가고 있나', '너무 한자리에만 있었나', '나는 왜 아직 방황하고 있나' 하는 생각을 하게 됩니다. '나만 그런가' 했는데 주위를 둘러보니 대학에 있는 친구들, 개원가에 있는 친구들, 자기 사업을 벌인 친구들, 기업이나 정부 기관에 있는 친구들 모두 각자의 자리에서 자기만의 고민이 있습니다. 이맘때 찾아오는 흔들림의 가장 큰 이유는 아마도 **피로와 자괴감**(내가 되고 싶었던 모습과 지금 모습의 차이)인 것 같습니다.

드디어 전문의가 되고 처음 몇 년간은 커리어를 쌓는 것만 해도 벅찹니다. 당장 봐야 할 환자, 익혀야 할 수술, 써야 할 논문, 준비해야 할 발표, 해결해야 할 병원과 학회의 일이 계속 쌓여 있습니다. 그 시기에는 그저 '잡일' 같아 보이는 것이라 하더라도 혹시 언젠가 나에게 도움이 될지 알 수 없고, 당장 생계가 걸려 있어 어쩔 수 없거나, 감히 윗사람의 제안을 거절하기 어려워 일단 '나의 커리어 가방'에 차곡차곡 넣고 봅니다. 예전에는 쩔쩔매던 병을 명쾌하게 진단하기도 하고, 어렵게만 보이던 수술을 깔끔하게 성공하기도 하고, 나의 논문이 저명한 학술지에 실리기도 하고, 학회에서 발표 후 칭찬을 듣기도 하고, 학회나 병원 일을 성공적으로 이끄는 데 기여하기도 하고, 그렇게 '성장해 가는 나'를 바라보며 성취감을 즐기기도 하지만 어느 선을 넘어서면 그 가방의 무게를 점점 감당하기 어려워지게 됩니다. 게다가 나는 이쪽 길로 가고 싶은데 저쪽 길로 가야만 하는 상황이 반복됩니다. 그러다 보면 어느 순간 지쳐 그 자리에 주저앉아 버리게 됩니다. 그제서야 '나의 커리어 가방'에 있던 내용물을 모두 꺼내서 펼쳐두고 무엇이 나를 힘들게 했는지 가만히 들여다봅니다. 우선 나의 능력에 비해 짐이 너무 많았습니다. 게다가 중간에 적절히 쉬지도 못했습니다. 그러니 힘들 수밖에 없습니다. 게다가 나에게 꼭 필요하지 않지만 억지로 넣은 짐도 많습니다. 어차피 내가 하고 싶은(나를 위한) 일만 하고 살 수는 없으니 해야만 하는(남을 위한) 일도 기꺼이 받아들였는데 시간이 흐를수록 '내가 왜 이 짐을 계속 지고 원하지 않는 길로 가야 하지?' 하는 자괴감이 점점 커져갑니다.

피로 이겨내기:
휴식, 절약, 그리고 충전

번아웃이 찾아왔던 저의 40대 초반의 상황을 돌이켜 보면 스스로를 제대로 돌보지 못했던 것 같습니다. 할 일이 많으니까 몸이 피곤한 것이 당연하다 생각했고, 특별히 챙겨 먹거나, 제대로 쉬거나, 운동을 하지도 않았습니다. 그저 24시간 진료, 교육, 연구 생각에 빠져서 다른 것을 챙길 겨를이 없었습니다. 그럭저럭 30대까지는 어느 정도 체력이 버텨줬는데 더 이상 마음만으로는 버티기 어려운 상황이 되었습니다. 너무 피곤할 땐 목소리도 안 나오고, 자리에 똑바로 앉아 있기도 힘들고, 집에 오면 계속 누워 있기만 합니다. 그냥 누워 있는데도 피곤합니다. 집에 오자마자 다음 날 아침까지 기절해서 자기도 합니다. 걸을 때 다리가 후들거리고, 눈 주위 근육이 몇 달째 계속 떨려서 표정관리도 힘들고, 입

주변은 헤르페스 때문에 물집이 생기고, 혀에는 궤양이 생겨 음식 먹는 것도 괴롭습니다. 돌이켜 보면 그렇게까지 일이 많지는 않았는데 안 그래도 부족한 능력에 요령마저 부족했던 것 같습니다. 이제 막 원하던 교수 자리 발령받고 한참 열심히 일하던 30대 후반에 갑작스럽게 심장마비로 세상을 떠난 친구가 생각납니다. 조금만 더 노력하면 꿈을 이룰 수 있을 것 같은 시기, 그래서 **조금만 더 버티면 될 것 같은 시기, 그리고 드디어 원하던 것을 얻은 시기가 몸을 돌보기 가장 어려운 시기**가 아닌가 싶습니다. 그때는 일의 재미와 성취감에 도취되어 일 생각에서 벗어나기 어렵습니다. '사고주의 구간'이라는 경고를 무시하고 과속하는 자동차처럼.

지금 상황에서 벗어날 수 있다면 잠시 휴식의 시간을 갖는 것이 가장 좋은 방법입니다. 하지만 그게 말처럼 쉽지 않습니다. 우선은 현실적으로 가능한 범위 내에서 최대한 에너지를 절약하려는 요령이 필요합니다. 일하는 도중에 몇 분 정도 시간이 애매하게 남은 상황에서 습관적으로 핸드폰을 들여다보거나 잡담을 하기보다는 나름 편한 자세에서 잠시 눈을 감고 명상을 하거나 살짝 조는 것만 해도 에너지를 아낄 수 있습니다. 앉거나 누운 자세에서 핸드폰 들여다보는 것을 쉰다고 생각하기 쉬운데 눈을 쉬지 않는 휴식은 효율이 떨어집니다. 핸드폰 배터리가 얼마 남지 않은 상황에서 굳이 꼭 필요하지 않은 동영상 촬영을 해서 배터리를 낭비하고 있는 상황처럼. 안타깝지만 너무 정신없고 피곤할 때는 그런 생각조차 못 하게 되는 것 같습니다.

> 앉을 수 있을 때 서 있지 말고, 누울 수 있을 때 앉아 있지 마라.
> (Never stand up when you can sit down,
> and never sit down when you can lie down.)
> – 윈스턴 처칠(Winston Churchill)

꼭 필요한 일 외에는 관심을 줄이는 것도 에너지 절약에 도움이 됩니다. 굳이 심란해지는 뉴스나 연예인의 사생활에 관심 가질 필요 없고, 주위 사람과의 사소한 갈등이나 문제를 감정 때문에 키우지 않고(잘잘못을 떠나 내가 양보하거나 사과해서 해결할 수 있다면 기꺼이 양보하고), 누군가에게 부탁하거나 비용을 지불해서 해결할 수 있는 일을 미련하게 다 짊어지지 않도록 노력해 봅니다. 특히, '시간과 에너지'도 눈에 보이는 물건 못지않게(어쩌면 더 가치 있는) 소중한 지출 대상이라는 점을 항상 잊지 말아야 합니다.

지나고 보면 너무 당연한데 막상 그때는 미처 신경 쓰지 못하는 대표적인 것 중의 하나가 영양이 아닐까 싶습니다. 저는 먹는 것과 입는 것에 전혀 관심이 없어서 전공의 시절까지는 병원 식당에서 나오는 밥과 가끔 있는 회식 말고는 뭔가 따로 챙겨 먹을 생각을 해보지 못했는데(그나마도 귀찮으면 그냥 넘기고), 지나고 보니 '잘 챙겨 먹는 것'도 너무나 중요하다는 걸 새삼스럽게 깨닫게 되었습니다. 당연한 이야기지만 '잘 먹는다'에서 이야기하는 '잘'은 그냥 '많이'가 아니라 여러 영양소를 골고루 균형 있게, 꾸준히 공급한다는 뜻입니다. 준비하고 유지하기 번거롭겠지만 틈날 때 간편하게 먹을 수 있는 여러 아이템을 곳곳에 미리 준비해 둘 수 있으면 좋습니다.

운동을 하는 것도 도움이 됩니다. 사람의 몸은 전자기기나 자동차처럼 연료 보충만으로는 에너지를 낼 수 없기 때문에 휴식, 영양, 운동 세 가지가 모두 필요합니다. 어쩌면 사람 몸은 얇은 강철 띠를 감았다 서서히 풀리는 태엽 장치의 힘을 이용해서 음악을 들려주는 오르골과 비슷하다는 생각이 듭니다. 오르골의 태엽을 감아서 충전시키는 역할을 하는 것이 운동입니다. 태엽이 다 풀린(운동이 부족한) 상태에서는 아무리 쉬고 먹어도 음악이 나오지 않는 것처럼 운동이 없는 휴식과 영양공급은 피로회복에 한계가 있습니다. 그래서 태엽이 너무 풀려서 음악이 느려지거나 끊기기 전에 꾸준히 감아줘야 합니다. 특히, 나이가 들수록 태엽을 더 많이, 자주 감아줘야 합니다. 너무 피곤하거나 아파서 태엽을 감을 힘조차 없다면 일단 쉬어야겠지만, 중요한 점은 다른 사람들이 어떻게 하건 휘말리지 말고 나의 성격, 생활패턴, 몸 상태에 맞게 하는 것입니다. 주위에서 한다고 억지로 할 필요도 없습니다. 어느 순간이 되면, 스스로 '(몸이 예전 같지 않아서) 이제 운동이 필요하겠구나' 깨닫게 되는 시기가 찾아오는데 그때 몸이 보내는 신호를 너무 오래 외면하지만 않으면 괜찮지 않을까 싶습니다. 저는 소박하게 '가볍고, 부드럽고, 튀어나오거나 굽지 않은 몸'을 목표로 간단한 것들을 소소하게 하고 있는데 그것만 해도 큰 도움이 됩니다. 운동을 나의 생활패턴에 맞게 일이나 환경의 영향을 적게 받는 루틴으로 만들 수 있으면 좋고, 그냥 하는 것보다는 심박수, 체중, 근육량, 체지방량을 분석하면서 하면 지금 상태를 객관적으로 파악할 수 있고, 구체적인 목표가 생겨서 좋습니다(기술의 발달 덕분에 저렴하고 심플한 신체 계측 장치를 쉽게 구할 수 있습니다). 우리가 환자의 피검사, 영상 검사 결과 분석하듯.

자괴감에서 벗어나기: 비워내고 새롭게 채워 넣기

　자괴감의 가장 큰 이유는 내가 원하던 모습, 자리, 능력을 얻지 못한 안타까움이 아닐까 싶습니다. 40대 초반의 저에게는 어릴 때부터 그토록 원했던 교수가 되지 못한 것이 가장 괴로웠습니다. 대학병원에서 전공의와 펠로우를 마치고 전문병원에 9년간 근무하면서 몇 번의 기회가 있었지만 여러 사정으로 성사되지 못했고, 시간이 흐르면서 점점 꿈에서 멀어져 가는 것 같아 마음이 조급해졌습니다. 학회 모임에서 누군가에게 "황 선생이 대학에 있었으면 훨씬 더 컸을 텐데 아깝다."라는 이야기를 듣기라도 하면 그간 제대로 풀리지 않은 일, 이루지 못한 일, 하다못해 며칠 전에 받은 논문 출판 거절(reject)까지 모든 것이 '내가 대학교수가 되지 못했기 때문'이라는 생각에서 벗어나기 어려웠습니다. 그 마음 아는지 모르는지 주위에서는 중요한 일을 더 맡기고 싶어 하고, 일이 쌓여갈수록 점점 무거워지는 가방 메고 가기 싫은 길을 억지로 가는 기분이었습니다.

사람마다 자괴감을 느끼는 상황은 다양할 것 같습니다. 나는 빨리 개원가로 나가서 나의 병원을 운영하고 경제적으로 이루고 싶은 목표가 있는데 병원 사정 때문에 못 하고 있거나, 교수님과 동문회의 뜻을 거스르지 못해서 내가 원하지 않는 곳에서 원하지 않는 일을 하게 되거나, 진료 말고 다른 일을 해보고 싶은데 현실적인 한계로 못하고 있거나, 내 연구를 집중해서 해보고 싶은데 행정업무 때문에 여유가 없거나, 혼자 조용히 지내고 싶은데 각종 모임에 저녁, 주말마다 불려 나가고 있거나. 그런 상황을 묵묵히 잘 버텨낼 수 있다면 좋겠지만 도저히 그렇게 못 하겠다면 가장 먼저 할 일은 일단 멈추는 것입니다. 내가 할 수 있는 범위에서 새로운 일, 자리, 연구, 논문 심사 같은 것들 일단 거절하기. 그래야 나의 상황을 더 자세히 들여다볼 수 있기 때문입니다.

그리고 나의 '커리어 가방'에 있는 것들 중에서 꼭 지키고 싶은 것, 비워내도 괜찮은 것, 바로 비워내고 싶은 것들을 나누어 봅니다. 창고 딸린 큰 집에 살다가 작은 집으로 이사 가면서 꼭 필요한 짐 외에는 정리해야 하는 상황처럼. 제가 생각한 선택의 기준은 두 가지였습니다. 우선, **'내가 정말 원하는 것인가'**를 생각해 봅니다. 재미있거나, 당장은 힘들어도 결국 나의 성장에 도움이 되거나, 현실적인 보상이 있거나, 이 중 적어도 한 가지라도 있으면 그래도 버틸만합니다. 두 번째 기준은 **'지금 아니면 못 하는 것인가'** 입니다. 진료는 앞으로도 계속 볼 수 있지만 '다섯 살 아이와 함께 보내는 시간'은 평생 한 번, 그것도 너무 빨리 지나가 버리는 순간입니다. 일요일 아침 5시, 조용히 집중해서 할 일이 있어 조심조심 책상에 앉아 컴퓨터를 켜는 순간, 방문이 열리면서 아이가 문틈으로 고개를 내밀고 "아빠, 뭐 해?"라고 할 때 망설임 없이 컴퓨터를 다시 끄고 아이랑 시간을 보낼지, 할 일 생각에 불편한 마음으로 지낼지는 나의 선택에 달려 있습니다. 아이랑 숨바꼭질, 자동차놀이, 물놀이, 종이접기, 축구를 함께 하면서도 온전히 아이에게 집중하지 못하고 핸드폰을 자꾸 들여다보거나 일 생각을 하는 것은 세상에서 가장 멋진 산책길에서(그것도 평생 한 번만 갈 수 있는) 주위 경치는 하나도 안 보고 100m 달리기하듯 목적지만 바라보고 달려가는 것과 같습니다. 그래서 나의 '커리어 가방'에 담을 수 있는 일의 전체 무게는 **'집에서는 내려놓을 수 있을 정도'**가 되어야 하지 않을까 싶습니다. 현실적으로(특히 경력 초반에는) 집에서도, 휴일에도 일을 이어서 해야 할 경우가 종종 생기겠지만 어느 정도 경력이 쌓인 후에는 일의 양이 내가 조절 가능한 선을 너무 넘지 않았으면 합니다.

  내가 어떤 것을 좋아하고 잘하는지 정리하기 애매하다면 두 가지 과정을 거쳐볼 수 있습니다. 일단 그 일을 **더 열심히 해보는 것**입니다. 다시 기회가 와도 더 열심히 할 수 없을 정도로, 미련 남지 않게 최선을 다해서. 그러다 보면 힘든 시기를 극복하고 뛰어넘어 다음 단계로 나아가거나 반대로 완전히 질려버리거나 둘 중 하나의 결론에 도달하게 되는 것 같습니다. 그 상황에서는 어렵지 않게 그 일이 '꼭 지킬 것'인지 '비워내야 할 것'인지 구분할 수 있습니다. 그래도 애매하다면 다음 단계로 **그 일에서 떠나보는 것**이 도움이 됩니다. 그렇게 했을 때 그 일이 너무나 그리운지, 가끔 생각나는지, 오히려 속 시원한지, 내가 보던 환자, 내가 하던 병원, 대학, 의국, 동문회, 학회의 일, 내가 하던 연구가 내가 정말 좋아서 하고 있는 것인지, 나 아니면 안 되는 것인지, 지금 아니면 못 하는 것인지 정리가 됩니다. 어쩌면 더 나은 사람에게 지금 나의 자리를 양보하는 것이 환자나 주위 사람들에게 더 낫지 않을지도 생각해 봅니다. 만약 그것이 내가 진심으로 원하는 것이라면 지금 당장은 떨어져 있더라도 언젠가 다른 장소, 다른 때에, 다른 모습으로 다시 하게 될 거라 믿어봅니다.

> 행복의 비결은 필요한 것을 얼마나 갖고 있느냐가 아니라
> 불필요한 것에서 얼마나 자유로워져 있는가에 있다.
> – 법정스님

무엇을 비울지 정리가 되면 **용기**를 내야 합니다. 지금 생각에는 하나도 내려놓을 수 없을 것 같은 일들이 사실 그렇지 않은 경우도 많습니다. '나 아니면 우리 과, 우리 병원은 어떻게 하지?', '내가 떠나면 우리 환자들에게 미안해서 어떻게 하지?', '나 없으면 우리 전공의와 학생 교육은 어떻게 하지?', '이 발표 잘 못하면 선생님들이 실망하시겠지?', '이번 일 거절하면, 이번 모임 안 나가면 학회에서 찍히겠지?', '진료시간 30분 단축하면, 몇 시간 쉬는 시간 가지면, 며칠 휴가 다녀오면 수익이 많이 줄겠지?' 하는 생각들이 막상 지르고 나서 돌이켜 보면 그저 괜한 걱정이었던 경우도 많습니다. 오히려 '왜 진작 그만두지 못했을까?' 하는 생각이 들 수 있고, 어쩌면 나를 대신하게 된 사람이 더 잘해줘서 서운한 마음이 들지도 모릅니다.

번아웃에 빠져 있던 저는 가장 먼저 '자리'를 비워내고 싶었습니다. '자리가 사람을 만든다'고 해서 일단 작은 보직을 몇 개 해봤는데, 처음엔 '위원', '간사', '부장', '이사' 같은 직함이 붙으면 중요한

사람이 된 것 같은 느낌에 으쓱하기도 했지만 시간이 흐를수록 그런 것들이 저에겐 영 어색하여 맞지 않다는 것을 깨달았습니다. 그래서 새로운 보직은 모두 거절하고, 지금 맡고 있는 보직은 이번 임기까지만 하기로 합니다. 마음먹은 김에 '정리의 영역'을 넓혀서 학회와 심포지엄 발표도 꼭 필요한 자리(대학에서 마련한 비상업적인 소규모 모임) 말고는 다 거절하고, 30종 넘는 국제 학술지에서 쉴 틈 없이 몰려오던 '노력 봉사'인 논문 심사도 웬만하면 거절합니다. 병원이나 학회 관계자분들께는 죄송하지만 거절도 한 번 용기 내서 해보고 나니 점점 덜 어려워집니다. 혹시나 누군가 나에 대해서 실망할까 봐, 이러다 왕따가 될까 봐 걱정되기도 하지만 생각보다 사람들은 나에 대해서 관심이 별로 없고(금방 잊혀지고), 미워할 사람은 어차피 미워하고, 이해해 주는 사람은 결국 이해해 주는 것 같습니다.

이왕 하는 김에 제대로 모든 것을 비우기 위해서 병원을 아예 떠나보기로 합니다. 그저 아무 일도 하지 않고 아이랑 아내랑 시간 많이 보내고, 충분히 쉬고, 하고 싶은 것들 마음껏 해보고 싶었습니다. 병원을 떠나는 과정이 쉽지는 않았습니다. 여러 선생님들의 실망과 서운함을 감당해야 했고, "선생님 아니면 누가 내 눈을 봐 주나요.", "나는 이제 어떻게 하나요."라고 눈물 보이는 환자들에게 이별을 고하는 것은 괴로운 일이었습니다. 하지만 세상 어떤 의사라도 같은 병원에서 영원히 환자를 볼 수는 없으니 언젠가는 누구나 겪어야 할 일이기도 합니다.

살다 보면 무엇인가를 내려놓을 때 다른 기회가 찾아오는 경험을 종종 하게 됩니다. 그 이유는 그저 운이 좋았기 때문일 수 있고, 내가 알게 모르게 누군가 도와준 덕분일 수도 있고, 한곳만 바라보던 나의 시야가 넓어진 덕분일 수도 있고, '저 사람은 저기서 잘 지내고 있을 거야'라고 생각하고 있던 주위에서 흔들리는 나의 모습을 눈치챘기 때문일 수도 있습니다. 중요한 것은 '무엇인가를 완전히 내려놓기로 결심하는 순간, 오히려 새로운 길이 보이는 경우도 있다'는 점, 바꿔 말해서 **'새로운 길을 보기 위해서는 지금의 것을 완전히 내려놓을 수 있어야 한다'**는 점인 것 같습니다. 그렇게 모든 것을 내려놓기로 하자 마치 기다렸다는 듯이 운 좋게 봉직의로 지내던 나이 40이 넘은 저에게 대학교수직 제안이 들어왔습니다. 그래서 더 늦기 전에 드디어 '대학교수'의 꿈을 이루어 보기로 했습니다.

성취 후의 허탈

진료보다는 연구와 교육에 더 집중하고 싶었기에 대학으로 가는 것이 최선이라 생각했고, 대학 동기들보다 10년 늦게 드디어 대학교수가 되었으니 이제 날개를 달고 그동안 못 했던 연구와 교육을 **마음껏 할 수 있을** 거라 생각했습니다. 하지만 너무 기대가 컸던 탓인지 막상 대학교수가 되고 보니 그것 또한 편견이었다는 것을 깨닫게 되었습니다. 그동안 원했지만 이루지 못했던 것들은 그저 제 그릇이 부족했거나 인연이 닿지 않았기 때문이지 교수가 되고 말고와는 별 상관이 없었습니다. 꿈에 그리던 교수가 되고도 이전과 똑같은 진료, 연구, 교육을 하고 있는 제 모습이 마치 이미 종점에 도착한 불 꺼진 버스에 멍하게 앉아 있는 승객 같아 보였습니다. '5년 전의 나'였다면 신나게 참여했을 각종 연구나 교육의 기회에도 그저 시큰둥하고 새로운 연구를 해보려고 마음먹었다가도 작은 장애물이 나타나면 금방 접어버리는 나의 모습을 보니 이미 너무 지친 상태에서 단지 교수가 된다고 새로운 활력이 생길 거라고 기대한 것이 착각이었을지도 모른다는 생각이 들었습니다. 역시 일에는 때가 있나 봅니다.

게다가 현실의 벽도 생각했던 것보다 높았습니다. 집에서 편도 2시간 넘게 걸리는 직장으로 출퇴근하면서 아이, 아내와 함께하는 시간이 더 줄어든 것이 저에겐 큰 스트레스였습니다. 아침 7시 30분 컨퍼런스에 참석하려면 5시에 일어나 서둘러 출발해도 빠듯했고 오후 일정 마치자마자 출발해도 저녁 9시 가까워야 집에 도착할 수 있었습니다. 세상 사람들에게 '명의'라 불리는 교수님들에게 종종 듣곤 하는 "나는 우리 아이 어렸을 때 모습이 기억나지 않아요. 그땐 병원 일이 너무 바빠서 집에 신경 쓸 겨를이 없었거든요."라는 말이 누군가에겐 열정과 사명감 가득한 훌륭한 이야기일 수도 있고, 또 다른 누군가에겐 그저 슬픈 이야기일 수도 있습니다.

일과 가정 사이의 적절한 균형은 어떤 시대, 어떤 환경에서, 어떤 일을 하건 누구에게나 어려운 과제입니다. 논어에도 가정의 중요성을 강조하는 내용이 나옵니다. 공자가 존경했던 주공이 그 아들인 노공에게 들려준 조언입니다.

군자는 자기 가족에게 소홀하지 않으며,
(君子不施其親 군자불시기친)
사람들에게 원망을 사지 않으며,
(不使大臣怨乎不以 불사대신원호불이)
오래 함께한 사람은 큰 잘못이 없으면 져버리지 않고,
(故舊無大故 則不棄也 고구무대고 즉불기야)
한 사람에게 모든 것이 갖춰져 있기를 바라지 않는다.
(無求備於一人 무구비어일인)

군자의 도리로 '가족에게 소홀하지 않는다'는 말이 가장 먼저 등장합니다. 섭공이라는 관료가 공자에게 사람들을 어떻게 이끌면 좋을지 묻자 공자가 제안한 방법도 주공의 말과 비슷합니다.

가까이 있는 사람을 기쁘게 하고, 멀리 있는 사람이 찾아오게 한다.
(近者悅 遠者來 근자열 원자래)

가정과 일 사이의 균형, 각자 처한 현실과 가치관에 따라 다양한 선택이 있겠지만 어느 쪽이건 너무 한쪽으로 치우치지 않고 자기 나름의 유연한 기준을 잘 가꾸어 가려는 자세가 필요합니다. 그러다 보면 당장은 원하는 방향으로 흘러가지 못하더라도 언젠가 기회가 왔을 때 놓치지 않을 가능성이 더 높아지지 않을까 싶습니다.

경제적인 면도 중요합니다. 항상 그렇지는 않지만 대학은 병의원보다 급여가 적은 경우가 많기에 각오는 했지만 막상 급여의 하락을 직접 겪어보니 지난 몇 년간 차곡차곡 쌓아온 '공든 탑'이 한순간에 무너지는 듯한 허탈한 느낌과 의욕 상실을 떨쳐내기 어려웠습니다. 제가 있었던 국립대학은 급여와 직급에 관해서 당사자와 사전협상의 여지 없이 대학 본부에서 일방적으로 결정된 사항을 따라야 하는 시스템이라 첫 급여 명세서를 받아보고 더욱 실망감이 컸던 것 같습니다. 세상에는 돈보다 소중한 가치가 많으니 병의원보다 상대적으로 적은 급여를 보상할 수 있는 다른 가치 있는 일을 대학에서 찾을 수 있으면 제일 좋을 것입니다. 어려운 수술을 성공했을 때의 성취감, 연구와 교육의 보람, 큰 조직을 운영하거나 나라의 중요한 정책에 참여한다는 뿌듯함, 안정감과 존중 같은. 거기 더해서 경제적인 가치에 대해 아예 초탈할 수 있거나 이미 여유가 있다면 가장 좋겠지만 그렇지 못한 상태에서 돈 때문에 가족에게 죄책감을 느끼거나 스스로를 초라하게 느끼며 대학교수로 지내는 것은 괴로운 일입니다. 안타깝게도 젊을 때 경제적인 면에 무심하던 사람도 나이가 들수록 그 영향에서 점점 더 벗어나기 어려운 것 같습니다. 그래서인지 가끔 대학에 오래 계시던 분이 퇴임 후 개원가에서 그간의 경제적 아쉬움을 한 번에 만회하려는 듯 성급하고 무리하게 경영해서 물의를 일으키는 경우도 종종 보게 됩니다. 부의 기준은 너무나 상대적이고 주관적이라 사람마다, 같은 사람도 상황에 따라 많이 다른 것 같습니다. 중요한 것은 각자 자신의 '부의 가치(나에게 어떤 의미인지)'와 '부의 기준(나에게는 어느 정도 필요한지)'을 정립하여 너무 부에 치우치지 않고, 그렇다고 너무 금기시하거나 애써 외면하지도 않는 자세인 듯합니다.

나는 정말 부자가 되고 싶었습니다.
페라리 같은 것을 원해서가 아니라 독립을 원했기 때문입니다.
(I had a considerable passion to get rich,
not because I wanted Ferraris – I wanted the independence.)
– 찰리 멍거(Charlie Munger)

여러 상황을 감안했을 때 당시의 저는 더 이상 교수 자리를 고집할 수 없게 되었고, 덕분에 40대 중반에 미련 없이 대학을 떠날 수 있었습니다. 어릴 때부터 꿈에 그리던 일을 직접 해봤기 때문에 이제는 마음이 평온해졌습니다. 제가 무엇을 원하는지 '대상 선정

기준(inclusion criteria)'을 명확하게 알게 되었기 때문에 다음 길을 찾는 것도 어렵지 않았습니다. 이직을 고려한 몇몇 대학, 병원, 의원 중에서 ① 집에서 지하철로 한 시간 이내의 거리에 있고, ② '장'이 들어가는 자리를 맡아야 하는 곳이 아니면서, ③ 녹내장 진료, 연구, 교육을 이어서 할 수 있는 곳을 찾다가 지금의 의원으로 오게 되었습니다. 대학에서 개원가로 가는 것은 여러모로 부담스러운 일이지만 어차피 대학에 계속 남아 있어도 언젠가 정년퇴임 후에는 개원가로 가게 될 가능성이 높습니다. 그저 몇 년 더 빨리, 더 늦게의 차이일 뿐입니다. 처음에는 개원가의 생활이 어떨지 염려가 되기도 했지만 막상 지내보니 승진, 학위, 평가, 시험 자격 같은 것에서 벗어나 자유롭게 연구를 할 수 있게 되었고, 진료의뢰서 가지고 걱정 가득한 표정으로 찾아오는 심각한 환자들만 보다가 학교 마칠 때쯤 줄지어서 "강아지 발에 긁혔어요.", "고양이 만지고 가려워요.", "피구 공에 맞았어요.", "물놀이하고 눈 빨개졌어요." 하고 찾아오는 예쁜 어린이들을 만나는 것도 즐거운 일입니다. 부족한 제가 감히 누군가의 스승이 되고 모범이 되어야 한다는 부담에서도 벗어날 수 있습니다. 더군다나 전공의와 의과대학생 교육하는 것 못지않게 의원의 구성원들과 함께 공부하고 그들의 성장을 돕는 것도 의미 있는 일입니다.

길 위에서 풍요롭기

방황의 시기를 거쳐 내가 원하는 것이 무엇인지 알게 되면 목표도 달라집니다. 예전에는 '**무엇을**(교수가 되는 것)'이 목표였다면 이젠 그런 것보단 '**어떻게**(즐기면서)'에 더 가치를 두게 됩니다. 그래서 요즘에는 청중 앞에서 발표하는 자리에서 자기 소개할 때 '어느 대학 나와, 어떤 기관에 근무하고, 어떤 보직을 했고, 어떤 상을 받고, 어떤 일을 했는지' 대신, '아침에 아이가 골라주는 넥타이 매고, 지하철에서 책 읽으며 출근해서, 진료하고, 연구하고, 구성원들과 함께 공부하고, 한강 너머 저녁노을 보며 퇴근하고 있는'이라고 소개합니다.

무엇보다 달라진 점은 '**이루지 못한 꿈**'에 대한 미련을 말끔하게 버릴 수 있게 된 것입니다. 아마도 그때가 되면 드디어 '불혹'의 경지에 가까워지는 것 같습니다. 남들이 무슨 자리에 오르건, 얼마를 벌건, 어떤 연구 실적을 내건 부러움 없이 담담하게 받아들일 수 있는 상태. 게다가 번아웃을 호되게 겪고 나면 나의 그릇의 크기를 알게 되고 그 덕분에 핸드폰 배터리가 너무 부족해서 아예 꺼져버리기 전에, 자동차가 연료 부족으로 길에서 완전히 멈춰버리기 전에 미리 에너지를 절약할 수 있도록 스스로 과속방지턱이나 제한속도를 설정할 수 있는 요령도 생기게 됩니다. 그래서 역설적이지만 흔들리지 않기 위해서는 오히려 크게 흔들려 봐야 하는 것 같습니다. 그럴수록 나에 대해서 더 잘 알 수 있고 세상을 온전히 받아들일 수 있기 때문입니다.

그러나 여행을 결코 서두르지는 마라.
(But do not hurry the journey at all.)
여행은 오래 지속될수록 좋고,
(Better if it lasts for years,)
그대는 늙은 뒤에 비로소 그대의 섬에 도착하는 것이 좋다.
(so you are old by the time you reach the island,)
길 위에서 그대는 이미 풍요로워졌으니.
(wealthy with all you have gained on the way.)
— 콘스탄틴 카바피(Constantine Cavafy)

그렇다고 흔들림이 전혀 없는 상태가 마냥 바람직한 것은 아닌 것 같습니다. 괴테의 말처럼 "인간은 지향하는 한 방황하기 마련 (Der Mensch irrt, solange er strebt)"이고 '나'라는 존재 자체가 시간이 흐르면서 계속 변하기 때문입니다. 지금은 세상 즐거운 것이 언젠간 시들할 수 있고, 반대의 경우도 생길 수 있습니다. 끊임없이 관찰하고, 비우고, 채우는 과정을 이어가되 중요한 것은 **자기 그릇의 크기를 넘거나 어울리지 않는 것을 무리해서 담지 않는 태도**가 아닐까 싶습니다. 그리하여 계속 변하는 와중에도 그릇이 깨지거나 넘어져 내용물이 한 번에 쏟아지지 않는 상태를 '불혹'이라 부를 수 있을 것입니다.

환자는 나의 거울,
환부지인야

2023년, 대학병원에 있다가 개원가로 나와서 처음 몇 달간은 여러모로 혼란스러웠습니다. 이전 병원에 있을 때에는 환자들에게 '나름 인정받는 교수님'이라 생각하고 있었는데(착각이었을지도 모르지만), 새롭게 근무하게 된 의원의 환자들에겐 제가 그저 '처음 보는 동네 의사'일 뿐이라는 사실이 낯설고, 위축되고, 한편으로 서운하기도 했습니다. 녹내장 분야 펠로우를 시작한 2008년부터 지금까지 녹내장을 주로 봐온 제가 녹내장이라 해도 굳이 대학병원에 가서 전공의 선생님에게라도 확인받고 싶어 하고, 눈 상태를 보고 백내장이 있다고 했더니 "예전에 봤던 선생님은 그런 이야기 안 했는데 당신이 뭘 안다고 그러냐." 하고 벌컥 화를 내기도 하고, 진료 보기도 전에 접수 메모에 '(오늘은 당장 급하니 어쩔 수 없이 당신에게 진료 보지만) 다음에는 꼭 대표 원장님 진료 원함'이라고 써 있고, 진료 잘 보고 나가면서 "어, 그 황 선생님이 아니네." 하고 뒤늦게 실망하기도 합니다. 어쩌면 이게 진짜 세상의 모습일 텐데 그동안 저도 모르게 큰 병원과 직책이라는 배경 속에서 받는 대우에 물들어 스스로를 과대평가하고 있었던 것 같습니다. 정신 차리고 어떻게 마음을 다스리면 좋을지 논어를 펼쳐봅니다.

남이 나를 알아주지 않는 것을 걱정하지 말고
(不患人之不己知 불환인지불기지)
내가 남을 알지 못하는 것을 걱정하라.
(患不知人也 환부지인야)

'환부지인야, 환부지인야, 환부지인야…' 개원가에서 근무 시작하면서 처음 몇 달간 입버릇처럼 되뇌었던 문구입니다. 누군가에게 인정받고 싶은 마음은 사람의 가장 기본적인 욕구라 공자가 살던 시대에도 같은 고민을 많이들 했나 봅니다. 큰 뜻을 품었지만 당대에 제대로 그 뜻을 펼쳐보지 못한 공자였기에 더욱 그런 생각을 많이 했을지도 모릅니다. 논어에 비슷한 말이 여러 번 나옵니다.

지위가 없음을 걱정하지 말고

(不患無位 불환무위)

그 자리에 설 능력을 갖추기를 걱정해야 하며

(患所以立 환소이립)

자기를 알아주지 않는 것을 걱정하지 말고

(不患莫己知 불환막기지)

남이 알 수 있게 되도록 노력해야 한다.

(求爲可知也 구위가지야)

군자는 자신의 능력이 부족함을 걱정하지

(君子病無能焉 군자병무능언)

다른 사람이 자기를 알아주지 않는 것을 걱정하지 않는다.

(不病人之不己知也 불병인지불기지야)

사람들이 나를 알아주지 않더라도 서운해하지 않으니 군자가 아니겠는가.

(人不知而不慍 不亦君子乎 인부지이불온 불역군자호)

환자에게 인정받으려면 어떻게 하면 좋을까요? 만나는 환자마다 "지금 눈앞에 있는 사람은 그냥 초보 의사가 아니라 녹내장 분야 논문을 몇 편 쓰고, 수술을 몇 건 하고, 학회와 병원에서 무슨 일을 한 경력이 있는 의사입니다."라고 일일이 늘어놓을 수도 없는 노릇입니다. 설령 그렇게 호소한들 세상에 더 화려한 경력을 가진 사람이 얼마든지 많을 텐데 무슨 소용인가 싶습니다.

논어에 나오는 이야기대로 입장을 바꿔서 생각해 봅니다. 어쩌면 환자도 진료실에서 의사 앞에 앉는 순간 "지금 당신 앞에 있는 사람은 그냥 눈이 아파서 온 환자이기 전에 전선을 지키던 군인이었고, 어려운 문제들을 해결하던 외교관이었고, 훌륭한 제자를 길러낸 선생님이었고, 경제위기를 이겨낸 경영인이었다."라는 이야기를 하고 싶을지도 모릅니다. 그러고 보니 그간 만났던 환자들 중에 '녹내장 상태가 어땠는지, 안압이 얼마였고, 시신경 상태가 어떠했고, 어떤 수술을 했고, 그 결과가 어땠는지' 떠오르는 사람들은 많은데 '예전에 어떤 일을 했고, 어떤 생각을 가지고 있고, 녹내장 때문에 생활에 어떤 영향을 받게 되었는지' 생각나는 사람은 별로 없습니다. 오히려 환자들이 먼저 "저는 대형 트럭 운전이 직업인데 녹내장 수술받으면 그 일을 계속할 수 있을까요?"라고 물어보면 왠지 "당신이 수술 잘못하면 내 생계 끝장이니 책임져라."라는 말로 들려서 애써 눈 이외의 면을 부정하려고 했던 것 같기도 합니다. "영감님이 지난달에 먼저 갔어요.", "선생님, 근데 너무 많이 울어도 녹내장에 나쁜가요?"라는 말에 어떻게 반응해야 할지

몰라 대충 넘긴 적도 많았습니다.

'환자의 무엇을 아는가'에서 '환자의 무엇을 알지 못하는가(환부지인야)'로 질문을 조금만 바꿔보면 보이지 않던 것을 발견할 수 있습니다. 눈 말고 다른 곳의 건강은 어떠한지, 예전에 어떤 일을 했고, 지금은 어떤 일을 하고, 직장이나 학교에서의 생활은 어떠하고, 가족들과의 관계는 어떠하고, 집에서 생활에 어려움은 없는지, 집에서 병원까지 오는 길은 어떠한지, 경제적인 상황은 어떠한지, 등등. 매번 같은 병으로 경과를 관찰하러 오는 환자에게서도 새로운 것을 계속 발견할 수 있습니다. 최근에 직장이나 학교를 옮겼다거나, 당뇨병을 새롭게 진단받았다거나, 가족 중 누군가 큰 수술을 받았다거나, 손자가 몇 학년이 되었다거나. 굳이 억지로 알아낼 필요는 없지만 자연스럽게 알게 되는 소식은 환자를 공감하고 이해하는 중요한 단서가 되어 지금 병의 상태 못지않게 치료에 중요한 정보를 제공합니다. '현대의학의 아버지'라 불리는 윌리엄 오슬러(Wiliam Osler)의 말을 떠올려 봅니다.

그 환자가 어떤 병을 가지고 있는지 아는 것보다 더 중요한 것은
어떤 환자가 그 병을 가지고 있는지 아는 것이다.
(It is much more important to know what sort of a patient has a disease

than what sort of a disease a patient has.)

좋은 의사는 병을 다루고 더 훌륭한 의사는 그 병을 가진 환자를 대한다.
(The good physician treats the disease;
the great physician treats the patient who has the disease.)

사실, 모든 환자들이 나를 인정해 주고, 내가 하는 말을 전적으로 믿어주고 이해해 주기를 바라는 것은 이기적인 욕심일 뿐입니다. 너무 당연한 사실인데도 이제 와서야 더 절실하게 깨닫는 건 지나고 보면 별 대단하지도 않은 '자리'의 영향도 있었던 것 같습니다. 큰 병원에 소속된 의사, 대학병원 교수라는 자리는 예전만 못하더라도 여전히 '권위'라는 힘을 발휘하기 마련이라 내가 이야기하면 상대가 일단 받아들일 거라는 편견이 나도 모르는 사이 생기기 쉽습니다. 채근담에 나오는 이야기입니다.

> 내가 높은 자리에 있을 때 사람들이 받드는 것은 내가 걸친 관과 띠를 받드는 것이고
> (我貴而人奉之 奉此峨冠大帶也 아귀이인봉지 봉차아관대대야)
> 내가 낮은 자리에 있을 때 사람들이 무시하는 것은 내가 걸친 베옷과 짚신을 무시하는 것이다.

(我賤而人侮之 侮此布衣草履也 아천이인모지 모차포의초리야)

이는 본래 나의 모습을 받드는 것이 아니니 기뻐할 것도 없고

(然則原非奉我 我胡爲喜 연즉원비봉아 아호위희)

본래 나의 모습을 무시하는 것이 아니니 화낼 필요도 없다.

(原非侮我 我胡爲怒 원비모아 아호위노)

그동안 나의 뒤에 있던 배경이나 계급장이 없는 '온전한 나'를 만나면서 **'성숙해진다는 것은 내가 그리 대단하지 않다는 것을 깨달아 가는 과정'**이라는 말에 백번 공감하게 됩니다. 굳이 병원이나 학회에서의 자리 때문이 아니더라도 어릴 때부터 가정이나 학교에서 인정받으면서 지내온 사람의 입장에서는 누군가 나의 말을 믿지 않거나 따르지 않는 상황을 받아들이기 어려울 수 있습니다. 하지만 한 걸음 물러서서 가만히 생각해 보면 내가 "녹내장이 있습니다."라고 한마디 한다고 환자가 그 자리에서 바로 동의하고 온전히 받아들이기를 바라는 것은 그저 나의 희망사항일 뿐입니다. 처음엔 부정하거나 의심하거나 때로는 분노하는 것이 자연스러운 반응일 텐데 '내가 이야기하면 받아들여야 한다', '내가 시키는 대로 해야 한다'는 착각이 스스로를 더 힘들게 하고 있는지도 모릅니다. **'내가 어떤 자리에 있었던, 어떤 일을 한, 어떤 상을 받은 의사'라는 생각을 내려놓고, 더 나아가 '의사'라는 생각조차 벗어나게**

된다면 나를 인정하지 못하고, 믿지 못하고, 존중하지 않는 환자를 만나더라도 조금 더 평온하게 상황을 맞이할 수 있게 됩니다.

결국 '환자에게 인정받기 의사'가 되는 출발점은 **'환자를 인정하는 마음'**인 듯합니다. 아이가 부모의 거울이듯, 환자도 의사의 거울이라 생각합니다. 오늘따라 환자들이 불안해 보이거나, 우울해 보이거나, 화를 많이 낸다면 혹시 나의 표정이 어둡지 않은지, 목소리에 힘이 없지 않은지, 말이나 행동에 짜증이나 조급함이 묻어나지 않았는지, 오늘 진료 중에 몇 번이나 환자에게 미소를 보였는지, 오히려 환자를 무안하게 만들지는 않았는지 먼저 되돌아보게 됩니다. 가끔은 환자들이 친절하게 "오늘따라 선생님 표정이 어두워 보여서 검사 결과가 나쁘게 나온 줄 알았어요."라고 알려주기도 합니다. 맹자에 나오는 이야기입니다.

누군가를 좋아하는데 친해지지 않는다면 나의 마음이 부족하지 않은지 돌이켜 보고
(愛人不親 反其仁 애인불친 반기인)
사람들이 나의 뜻대로 잘 따라주지 않는다면 나의 지혜가 부족하지 않은지 돌이켜 보고
(治人不治 反其智 치인불치 반기지)

예의 바르게 대했는데 상대의 반응은 그렇지 않다면 나의 공경이 부족하지 않은지 돌이켜 본다.
(禮人不答 反其敬 예인부답 반기경)
원하는 결과를 얻지 못한다면 모든 원인을 자기에게서 찾아야 한다.
(行有不得者 皆反求諸己 행유부득자 개반구저기)
자기가 바르다면 모든 것이 나에게 돌아올 것이다.
(其身正而天下歸之 기신정이천하귀지)

당연한 일이지만 내가 노력한다고 모든 환자에게 신뢰와 인정을 받을 수 있는 것은 아닙니다. 그저 나 스스로 부끄럽지 않을 정도까지 노력해 보고, 그래도 안 되는 건 받아들이는 수밖에 없습니다. 중요한 것은 내가 어느 자리에 있건, 어떤 경력을 가지고 있건, 환자의 반응을 거울삼아 혹시 부족한 부분이 있는지 돌이켜 보는 마음 그 자체가 아닐까 싶습니다.

즐겁게 진료하기,
락지자

진료실에서 아프고 불안한 사람들을 계속 만나는 것이 마냥 즐거울 수는 없습니다. 심지어 괴로울 때도 많습니다. 안 그래도 쉽지 않은 일인데, 저는 성격마저 너무 내향적이라 그저 사람 만나는 것 자체가 어렵습니다. 어릴 때는 혼자 동네 뒷산을 거닐며 물고기나 벌레와 노는 것이 재미있었고, 사람 없는 숲속에서 동물이나 식물 연구하는 사람이 되고 싶었고, 방학 때에는 혼자 절에서 지내기도 했는데 그 성격이 쉽게 바뀌지 않아 의사가 된 지 20년이 지난 요즘도 환자 만나는 것이 어색할 때가 많습니다. 오히려 시간이 흐를수록 사람들을 만나는 것이 점점 더 힘들어집니다. 만약 제가 사람들과 어울리는 것을 좋아하는 성격이었다면 진료가 더 즐거웠을까요? 성격을 바꾸기 어렵다면 이왕 하는 거, 조금이라도 더 즐겁게(덜 괴롭게) 진료를 볼 수는 없을까요? 논어를 펼쳤더니 이런 말이 나옵니다.

아는 사람은 좋아하는 사람만 못하고
(知之者不如好之者 지지자불여호지자)
좋아하는 사람은 즐기는 사람만 못하다.
(好之者不如樂之者 호지자불여락지자)

정말 꿈만 같은 이야기입니다. 취미생활이라면 모르겠지만 진료, 교육, 연구 영역 중 하나라도 제대로 '아는 사람(지지자)'이 되는 것도 어려운데 '좋아하는 사람(호지자)', '즐기는 사람(락지자)'이 되는 것이 가능할까요? 정말 그런 사람들이 있을까요? 자세한 내막까지 알기는 어렵지만 적어도 곁에서 봤을 때 언제나 활력 넘치고 긍정적인 모습으로 많은 일을 멋지게 해내며 '생사를 넘나드는 수술방에 있을 때가 제일 즐겁고 행복하다'며 어렵고 힘든 일 마다하지 않고 병원에서 기꺼이 먹고 자는 사람들, '공부가 취미'라며 학문의 세계에 빠져 사는 사람들이 있습니다.

과학은 나의 취미입니다.

(Science is my hobby.)

- 애런 치카노버(Aaron Ciechanover, 2004 노벨 화학상 수상자)

하지만 세상의 수많은 사람들 중에 이렇게 지낼 수 있는 사람은 그리 많지 않을 것입니다. 그저 평범한 사람 입장에서 이왕 해야 할 일이라면 즐거움을 조금이라도 찾고 간직하면서, 그게 어렵다면 적어도 괴롭지는 않게 진료 보는 방법이 없을까 항상 고민하게 됩니다.

첫 번째 방법:
실력 키우기

자신감이 부족하여 진료 볼 때마다 나의 진단과 처방이 맞는지 불안하고, 수술할 때마다 부담스러워서 전날 잠도 제대로 못 자고, 수술 후 결과가 나쁜 경우가 많아 스트레스받고, 논문 쓸 때 문장 하나 떠올리는 것도 너무 어렵다면 일을 즐기면서 하기 어려울 것입니다. 그래서 '즐겁게 진료하기'의 첫 번째 단계는 **어느 정도의 수준을 넘어서는 실력을 키우는 것**입니다. 수많은 사람들이 좋아하는 게임이나 공놀이도 규칙을 익히고 기본기가 갖춰질 때까지는 제대로 즐기기 어렵습니다. 어느 정도 수준의 경지까지 도달해야 즐길 수 있을지는 분야마다, 나의 가치관에 따라 기준이 다를 것입니다. 일차진료와 간단한 시술만 해내도 만족할지, 복잡하고 위험한 수술을 해낼 수 있어야 만족할지에 따라.

다행히 처음 실력을 키우는 단계는 비록 힘들더라도 성장해 간다는 느낌 그 자체로 즐거움을 주기도 합니다. 하지만 초반의 가파른 성장기를 지나 정체기에 도달하면 타성에 젖어 즐거움을 잃어버리기 쉽습니다. 이때 필요한 것이 '새로운 의미 찾기'입니다.

두 번째 방법:
의미 찾기

사실 '힘들다', '즐겁다'는 것은 상대적인 개념이라 그 의미는 각자 정의하기 나름입니다. 예를 들어, 누군가에겐 무거운 운동기구를 드는 것이 '그저 힘든 일'이지만 또 다른 누군가에겐 '보람찬 쇠질'일 것이고, 누군가에겐 공놀이나 게임이 '그저 피곤한 일'이지만 또 다른 누군가에겐 '인생의 즐거움'이 될 수 있습니다. 그래서 일을 즐기기 위한 두 번째 방법은 **나만의 의미를 찾는 것**입니다. 의사라면 일반적으로 떠올릴 수 있는 '누군가에게 도움이 된다는 보람', '진료 실적', '수익' 같은 것들도 훌륭한 의미를 지니지만 가능하다면 각자의 성격, 가치관(종교적인 신념을 포함한), 경험(본인이나 가족이 아팠던 경험이나 사회적인 배경)에 따라 고유한 '나만의 의미'를 찾고 키워나갈 수 있으면 더 좋을 것 같습니다. 제가 생각하는 '나만의 의미'는 '환자의 이야기 만들기(덕분에 더 다채롭고 덜 단조로운 진료)'와 '환자를 통해서 배우기(덕분에 성장하는 나)'입니다.

환자의 이야기 만들기

매일매일 비슷한 환자들을 만나는 것은 지겹고 재미없는 일입니다. 그럴 때는 **'세상에 같은 환자는 없다'라는 생각으로 환자 각자의 이야기를 만들어 보는 것**이 도움이 됩니다. 예를 들어 전공의 시절부터 수없이 만난, 흔하디흔한 "눈이 갑자기 빨개졌어요." 하고 찾아오는 결막하출혈 환자라도 발생 당시의 상황과 양상을 덧붙여 보면 '아침에 일어나서 거울 보다가 발견한', '사우나 다녀와서 발견한', '여행 다녀와서 생긴', '아기 손에 맞아서 생긴', '피구하다가 공에 맞아서 생긴', '친구가 던진 사탕에 맞아서 생긴', '계곡에 놀러 갔다가 나뭇가지에 부딪혀서 생긴', '갑자기 따끔한 느낌 후에 생긴', '눈에서 뭐가 툭 끊어지는 듯한 느낌이 들면서 생긴', '1년에 몇 번 반복되는' 같은 이야기를 만들어 낼 수 있습니다. 그리고 당시 상황을 상상해 봅니다. 그럴 때는 너무 분석적인 태도보다는 그 내용이 지금 의학적인 상황이랑 직접 관련이 있건 없건 상관없이 그저 감상하는 자세로 상상력을 더해서 접근하면 좋습니다.

예를 들어, '이번에 전시회 준비하느라 거의 잠을 못 잔', '넘어져서 팔이 부러진', '직장에서 부서를 옮기는 바람에 많이 피곤한', '영감님이 치매라 스트레스를 많이 받는', '성가대에서 피아노 반주를 하는데 악보가 잘 안 보이는', '어떤 분야를 전공하는 몇 학년 학생' 같은 소재가 당장 진단과 치료 방침에 영향을 주지는 않더라도 그 환자를 **'그냥 녹내장 환자'에서 '자기만의 이야기가 있는 환자'로** 만들어 주게 됩니다. 그러면 '그냥 평범한 녹내장 환자'가 '30세에 직장 건강검진에서 녹내장이 의심된다는 이야기 듣고, 우리 병원에 방문하여 녹내장을 진단받고 약물치료를 시작한, 서울 광진구에 사는 수학 교사로, 어릴 때부터 근시가 심해 눈 걱정이 많고, 내향적이고 강박적인 성격에, 최근에 직장을 옮기면서 스트레스 많이 받은 녹내장 환자' 또는 '초등학교 1학년인 아이가 잘 안 보인다고 해서 안과에 갔다가 아이가 검사를 무서워해서 어떻게 검사 받는지 시범을 보이다가 우연히 녹내장이 발견된 초등학생 아이의 아빠이자, 엄마와 아빠가 모두 근시가 심해서 아이도 근시가 심해질지, 어른이 되어서 녹내장이 생길지 걱정하는 녹내장 환자'로 달라질 수 있습니다. 이야깃거리가 풍부하면 그만큼 상상할 거리도 많아지니 진료가 덜 지겨워집니다. 그저 평범한 녹내장 환자를 '세상에 단 한 명밖에 없는 특별한 환자'로 만드는 것은 정신없고 메마른 진료실을 촉촉하게 해주는 '보습제'가 됩니다. 그렇다고 환자 스스로 이야기하지 않는 개인적인 부분까지 억지로 알아낼 필요는 없습니다. 자연스럽게 알게 되는 것만 놓치지 않아도 소소한 이야기를 만들 수 있는 재료로 잘 활용할 수 있습니다.

'이야기 만들기'와 같은 마음으로 검사를 할 때는 눈을 예술작품이라 생각하고 **'검사의 대상'에서 '감상의 대상'**으로 바꿔보는 것도 좋습니다. 아이의 깨끗하고 반짝이는 눈을 보며 달빛이 비치는 호수를 떠올려 보거나, 결막의 혈관으로 피가 흘러가는 모습을 보며 강물을 떠올려 보거나, 각막 이영양증(dystrophy)을 보며 눈 내리는 풍경을 떠올려 보거나, 홍채에 있는 주름을 보며 계곡을 떠올려 보거나, 백인 환자를 볼 때 동양인과 다른 다양한 홍채 색을 찬찬히 감상하거나, 하얗게 피질백내장이 생긴 수정체를 보며 구름을 떠올려 보거나, 성상유리체를 보며 밤하늘의 별을 떠올려 보거나, 유리체 부유물을 보며 바닷속 해파리를 떠올려 보거나, 산동이 된 상태의 수정체를 세극등 빛으로 비춰보면서 고리가 있는 토성을 떠올려 보거나, 검사 결과에서 하트를 찾아보는 것은 진료실에서 몇 초간의 짧은 시간에 즐길 수 있는 호사입니다.

환자를 통해서 배우기

두 번째로 찾을 수 있는 의미는 '**환자를 통해서 배우기**'입니다. 학생과 전공의 시절이 '교수님에게 배우는' 시기였다면 이후에는 '스스로 배워나가는' 과정이기 때문에 같은 진료 환경에서 비슷한 환자를 대하더라도 무엇인가를 배우고 성장해 나갈지 못할지는 온전히 각자의 관점에 따라 결정되는 듯합니다. 환자를 '공부의 대상'으로 바라본다면 새롭게 발견할 수 있는 의미가 있습니다. 예를 들어, '왜 같은 치료에도 다르게 반응하는지', '왜 이 상황에서 검사 결과가 이렇게 나오는지', '왜 한쪽 눈에 먼저 생기는지', '왜 누구는 아래쪽(또는 중심부)에 먼저 생기고 누군가는 위쪽(또는 주변부)에 먼저 생기는지'에 관한 의문을 항상 가지고 있으면 그러한 환자가 왔을 때 내가 생각한 가설이 맞는지 확인해 볼 수 있고 '나의 관심 환자 리스트'에 자료를 한 줄 더할 수 있습니다. 덕분에 평소 관심 있던 주제의 환자를 만나게 되면 보물찾기 놀이에서 보물을 발견한 듯한 뿌듯함을 느낄 수 있습니다. 때로는 환자 덕분에 내가 그동안 미처 생각하지 못한 화두를 발견하기도 합니다. 예를 들어, 최근에 다래끼가 자꾸 생기는 환자에게 "요즘 항암치료 중인데 그것 때문에 다래끼가 자꾸 생길까요?"라는 질문을 듣게 되면 흔하게 보던 다래끼에 대해서 다시 생각해 볼 수 있는 공부의 기회가 됩니다. 그래서 즐거운 진료를 위해서는 흥미로운 화두가 많을수록 좋습니다. 그렇게 차곡차곡 쌓여가는 '나만의 임상 자료'는 연구 논문, 책, 학회 발표의 중요한 밑바탕이 됩니다. 어쩌면 **'환자에게 직접 배우면서 만들어 가는 나만의 임상자료'는 의사가 진료실에서 얻을 수 있는 가장 소중한 자산**이 아닐까 싶습니다.

> 삶의 의미를 발견하게 되는 세 가지 중요한 계기는
> 일, 사랑, 그리고 고통이다.
> (There are three main avenues on which one arrives at meaning in life:
> through work, through love, and through suffering.)
> – 빅터 프랭클(Viktor Frankl)

하지만 현실적으로 항상 의미 있는 일을 하기는 어렵습니다. 정신없는 진료실에서 의미를 떠올릴 여유가 부족할 수도 있고 상황이 너무 단순하고 명확해서 굳이 의미를 찾을 필요가 없는 경우도 많습니다. 그럴 땐 억지로 의미를 찾을 필요 없이 그저 하다 보면 자연스레 의미가 생겨나기도 합니다. 의미나 영감을 떠올리는 일은 특히 작가나 음악가 같은 예술가들에게 중요한데 그 비결로 많은 예술가들이 **'일단 시작하는 것'**을 추천하고 있습니다. 어느 순간 갑자기 생각이 번쩍 떠오르는 순간도 있겠지만 그보단 일단 책상이나 피아노 앞에 앉아서 이것저것 쓰고 연주하다 보면 생각이 활성화되고 더 넓고 깊게 확장되는 경우가 많기 때문입니다. 의미 없는 순간의 반복이라 느껴지더라도 완전히 멈추지는 말고 가능한 범위 내에서 속도를 조절해 가며 그냥 하다 보면 또 다른 의미를 발견하게 됩니다. 마치 터널이 많은 해안가 도로를 운전할 때 그저 그런 풍경이 이어지다가 잠깐씩 파란 바다를 볼 수 있는 순간이 나타나는 것처럼.

앞서 나가기 위한 비결은 일단 시작하는 것이다.
(The secret of getting ahead is getting started.)

— 마크 트웨인(Mark Twain)

세 번째 방법:
그냥 하기

    그래도 여전히 진료를 보는 것이 즐겁지는 않습니다. 왜 그런지 나의 마음을 들여다봅니다. 만나면 괴로운 환자가 있거나, 병원 일이 너무 많거나, 피곤해서 그저 아무것도 하기 싫거나, 다른 일 때문에 기분이 처져 있거나, 현재의 근무 여건이 불만족스럽거나, 지금 하고 있는 일이 적성에 맞지 않을 수도 있습니다. 하지만 사실, 가장 흔한 이유는 '그냥, 하기 싫어서'인 것 같습니다. 그럴 땐 '하기 싫은 그 마음'을 무시하고 **'그냥 하는 것'**이 가장 좋은 방법입니다. 그러면 막상 처음엔 하기 싫다가 어느 순간부턴 그냥 관성을 따라 하게 됩니다. 뭐든 처음 하기 싫은 마음을 이겨내는 것이 어려운 것 같습니다. 공부할 때 처음 책을 펼치고 집중해 가는 과정이 제일 어렵고, 운동도 몸이 활발해질 때까지 처음 몇 분이 제일 힘들고, 비행기나 연을 날릴 때도 처음 땅에서 어느 정도 높이에 도달할 때까지 가장 큰 에너지가 드는 것처럼. 도저히 일에서 즐거움을 찾기 어렵다면 "(피겨스케이트 연습할 때) 무슨 생각 하면서 하세요?"라는 질문을 듣고 김연아 선수가 한 말을 떠올려 봅니다.

"무슨 생각을 해… 그냥 하는 거지."

전문가는 하기 싫을 때도 자기 일을 해내는 사람이다.
(A professional is a man who can do his job when he doesn't feel like it.)

― 제임스 어게잇(James Agate)

함께 가는 길,
성인지미

의사는 원하건 원하지 않건, 작은 의원에 파트타임 봉직의로 있건 수천 병상의 병원을 운영하는 의료원장으로 있건 여러 조직에서 리더의 역할을 해야 합니다. 학생 때까지는 그냥 자기 공부만 열심히 해도 맡은 역할을 다할 수 있지만 의사가 되고 병원에서 지내기 시작하면 환자 말고도 전공의, 학생, 병원 여러 직종의 종사자들, 그리고 병원 밖 세상까지 주위를 둘러보고 챙겨야 하는 상황이 계속 생깁니다. 혼자 조용히 있는 것이 가장 편하고 '자리'가 싫어서 큰 병원과 대학에서 벗어난 저에겐 지금도 제일 자신 없는 것이 바로 '리더의 역할'입니다. 리더의 역할, 어떻게 하면 좋을지 논어에서 답을 찾아봅니다.

군자는 다른 사람이 좋은 일을 이루게 도와주고 나쁜 일을 이루게 하지 않는다.
(君子成人之美 不成人之惡 군자성인지미 불성인지악)

"좋은 일을 이루게 도와준다(성인지미)."라는 말은 '그 사람의 장점과 재능을 살려서 원하는 것을 이루도록 도와준다'는 뜻으로 볼 수 있습니다. 여기서 '군자'를 '리더'로 바꾸면 리더의 역할은 **'주위 사람이 재능을 발휘해서 꿈을 이루도록 도와주는 것'**이 됩니다. 그래서 환자를 대할 때와 마찬가지로 리더의 시작도 그 사람이 원하는 것이 무엇인지, 어떤 사람인지, 어떤 상황에 있는지 파악하는 것입니다. 한 가지 다른 점이 있다면 **환자에게 '편안할 안(安)'이 핵심이었다면 이번에는 '이룰 성(成)'이 목표**라는 것입니다. 공자와 자공의 대화에도 비슷한 맥락으로 '이룰 달(達)'을 사용한 표현이 등장합니다.

어진 사람은 자신이 서고 싶은 자리에 다른 사람부터 설 수 있게 하고, 자신이 이루고 싶을 때 다른 사람부터 이루게 해준다.
(夫仁者 己欲立而立人 己欲達而達人 부인자 기욕립이립인 기욕달이달인)

'전문가'로 훌륭하게 성장해 온 경험이 있는 사람은 '리더'의 역할도 당연히 잘할 거라 막연하게 생각하기 쉽지만 '나의 일을 잘하는 것(전문가)'과 '조직이나 다른 사람을 잘 이끄는 것(리더)'이 항상 일치하는 것은 아닙니다. 현역 시절 뛰어났던 선수가 나중에 꼭 훌륭한 코치가 되는 것은 아닌 것처럼.

제 경험을 돌이켜 보면, 의사로 가장 먼저 맡게 되는 리더의 역할은 전공의 시절, 과의 일정을 관리하고, 전공의, 교수님, 그리고 병원의 다른 종사자들 사이의 의견을 조율하는 '의국장' 자리였습니다. 병원마다, 과마다 상황이 많이 다르겠지만 대부분의 경우, 의국장의 일은 전임자에게 인계받은 대로 따르면 되고, 혹시 해결이 어려운 일이 있을 때에는 교수님의 도움을 받을 수 있기 때문에 큰 어려움은 없습니다. 진정한 리더의 역할은 대학병원에서 전공의나 학생을 '교육'하는 입장이 되거나, 병원이나 학회의 '보직'을 맡게 되거나, 본인이 직접 병원이나 회사의 '경영자'가 되면서부터 시작되는 것 같습니다.

전공의, 의대생과 함께하기

　누군가의 스승이 된다는 것, 누군가 나의 모습을 롤모델로 성장해 가는 모습을 지켜보는 것은 진료, 연구, 경영과는 또 다른 매력적인 일입니다. '좋은 의사'의 출발이 '스스로 평온한 의사'였듯 '좋은 스승'의 출발도 **'제자들과 함께 있을 때 스스로 행복한 스승**'이 되는 것이라 생각합니다. '나는 괴롭지만 제자를 위해서 희생한다'는 생각, '수련병원에 있기 때문에 어쩔 수 없이 한다'는 마음으로는 좋은 스승이 되는 데 한계가 있는 것 같습니다. 그러고 보니 그간 제자들에게 들었던 이야기 중 가장 기억에 남는 것도 "선생님을 보며 저의 행복한 미래를 그려볼 수 있었습니다."라는 것이었습니다.

'스스로 행복한 스승'이 되기 위해서는 **스승의 역할을 '나 스스로 성장할 수 있는 기회'로 삼는 것**이 도움이 됩니다. 예를 들어, 시야 검사의 결과를 볼 때 '진료 보는 의사 입장'에서는 일반적으로 확인하는, 진료에 꼭 필요한 부분의 결과만 보고 넘어가게 되지만 누군가에게 시야 검사에 대해서 설명하고 질문도 받는 '스승의 입장'이 되면 검사의 원리부터, 역사, 종류, 결과지에 나오는 여러 지표들의 의미까지 처음부터 다시 살펴보게 되고, 그 과정에서 이전에는 미처 이해하지 못했던 부분을 깨닫게 되거나, 검사의 새로운 의미를 발견하기도 하고, 새로운 논문거리가 떠오르기도 합니다. 때로는 아직 선입견이 상대적으로 적고 다양한 사고방식을 가진 학생이나 전공의 선생님이 떠올리는 질문이나 제안이 '지식의 저주'('이건 당연히 이렇게 해야지' 또는 '이건 당연히 안 될 거야'라는 생각)에 **빠진** 교수에게 신선한 자극이 되기도 합니다.

'스스로 행복한 스승'이 되기 위해서는 제자들에게 보여지는 모습에 너무 신경 쓰지 말고 **그저 있는 그대로의 나의 모습을 보여주는 자세**도 필요합니다. 복잡한 질환을 명료하게 진단해 내고, 어려운 수술을 깔끔하게 해내는 모습 못지않게 '교수인 나도 대처하기 어려운 상황'에서 어떻게 문제를 해결해 나가는지, 환자와 보호자를 어떻게 대하는지, 책이나 논문을 어떻게 검색하는지, 다른 의료진과 어떻게 상의하는지 보여주는 것이 제자들에게 좋은 기회가 됩니다. 때로는 민망하게 제자들 앞에서 당황하거나 좌절하는 모습을 보일 수도 있지만 그런 상황이야말로 '진짜 교육'이 아닐까 싶습니다. 저도 전공의 시절 기억을 더듬어 보면 교수님들이 어려운 수술 멋지게 해내는 모습보다 어려운 상황에서 고뇌하던 모습이 훨씬 생생하게 떠오릅니다.

나의 모습을 그대로 보여줬듯 **상대를 있는 그대로 바라보는 자세**도 중요합니다. 내가 살아온 **과거**의 경험('나 전공의 때는')과 내 입장에서 바라보는 관점('내가 보기에는')에서 벗어나 '전공의와 학생이 **현재** 살아가고 있고, 그들의 관점에서 **앞으로** 살아갈 세상'을 함께 바라보려고 노력해 보는데 그게 말처럼 쉽지 않습니다. 나도 모르게 30년 전의 경험을 떠올리며 현재 상황을 받아들이거나, 나의 기준으로, 병원에서 봤던 몇몇 모습만으로 '저 사람은 어떤 사람'이라는 판단을 내려버립니다. 특히 전공의가 병원에서 교수님 앞에서 보여주는 모습은 평소 모습의 아주 일부이기 때문에 전체적인 모습을 제대로 파악하기 어렵습니다. 때로는 좋은 뜻으로 하게 된 '내가 보기에는 저 사람이야말로 대학에 남아서 연구하고 교육해야 할 사람'이라는 생각이 정작 당사자에게는 오히려 굴레가 되기도 합니다. 그저 뭐든 해주고 싶었던 '누군가의 스승'이던 시절에는 제자들을 더 챙기지 못해서 늘 안타까웠는데(그래서 아내가 농담처럼 "당신은 직업이 교육수련부장"이라고 했었는데), 지나고 보니 '나 아니더라도 알아서 잘 살아갈 사람들인데 나의 참견 때문에 오히려 방해가 된 것이 아닌가' 싶기도 합니다.

그 과정과 결과가 어떠하건 누군가의 스승이었다는 것은 스승과 제자 서로에게 평생 간직할 **소중한 추억**이 됩니다. 특히 전공의 시절에는 함께할 수 있는 '처음의 순간'이 많습니다. 처음 세극등현미경 보던 날, 처음 구후마취를 해보던 날, 처음 눈 속에 수술기구를 넣어보던 날, 처음 '내 논문'이 나오던 날, 그리고 '처음'은 아니지만 처음 같던 많은 순간들. 곁에서 지켜보며 마음 졸이기도 하지만 무사히 성공했을 때의 대견함은 나의 성공과는 다른 기쁨을 줍니다. 마치 아이가 처음 뒤집고, 소파를 붙잡고 일어서고, 말하고, 빨대로 물 마시고, 기저귀 떼고, 두발자전거를 타던 매 순간이 소중한 추억이듯. 결국, '전공의와 학생에게 좋은 리더(스승)'가 되는 길은 아마도 '**스승의 자리를 스스로를 위한 성장의 기회로 삼고, 내 있는 그대로의 모습을 보여주며, 제자의 있는 그대로의 모습을 바라보고, 함께 추억을 만들며 성장해 가는 것**'이 아닐까 싶습니다.

병원 구성원들과
함께하기

2009년 군의관으로 군 병원에 근무하던 시절, 신종플루가 유행하면서 군 병원에서 접수, 안내, 진료 보조, 검사를 담당하던 의무병들이 대거 감염 및 격리되면서 안과 외래에 저 혼자 남아 '접수-검사-진료-치빙-수납'의 과정을 모두 한 적이 있었습니다. 그 덕분에 '지금은 당연하게 누군가 해주는 것으로 생각하는 일이 어쩌면 예전에는 모두 의사가 직접 하던 것이었을지도 모른다'는 생각을 하게 되었습니다. 환자가 집에서 출발해서, 병원에 도착해서, 주차하고, 진료 접수하고, 기다렸다가, 진료받고, 검사하고, 처방전 받고, 필요한 서류 발급받고, 약을 사서, 다시 집으로 가는 전체 여정을 단계별로 구체적으로 그려보면 의사가 하는 일은 많은 과정 중 그저 몇 단계에 불과하다는 것을 새삼스럽게 깨닫게 됩니다. 게다가 환자가 돌아간 후에도 원무, 보험, 시설관리, 마케팅, 대외협력 같은 남은 일들이 많습니다. (그중 의사 혼자 할 수 있는 일이 몇 가지나 있을까요?) 그래서 사실이 어떠하건 **'병원 직원들은 내가 할 일을 대신해서 해주고 있는 사람들이다'**라고 생각하면 병원 구성원들을 대하는 나의 시선이 조금 더 넓어지고, 마음도 조금 더 여유로워지는 느낌이 듭니다. 그러면 병원의 여러 부서에서 일어나는 일들이 남 일 같지 않아 보이고, 그 일을 하고 있는 병원 구성원들을 자연스럽게 '동반자'라 여기게 됩니다(가능하다면 담당 부서 구성원들에게 부담을 주지 않는 범위 내에서 근무 현장을 직접 살펴보거나 체험해 보는 것도 좋은 경험입니다).

병원 여러 직종의 구성원들이 각자의 위치에서 원하는 방향으로 성장해 가는 것을 지켜보고 돕는 것 또한 리더의 중요한 역할입니다. 중요한 점은 전공의나 의대생은 나와 같은 분야를 전공했고, 정해진 수련과정이 있고, 내가 가본 익숙한 길을 가고 있지만 다른 직종의 구성원들이 가고자 하는 길은 각자의 가치관, 전공, 가정환경, 학력, 경제적 상황에 따라 완전히 다른 조건과 방향을 가지게 된다는 것입니다. 그래서 병원 구성원들을 대할 때는 전공의나 의대생을 대할 때보다 더욱 편견 없이 상대 입장에서 생각하려는 노력이 필요합니다. 가능하다면 각자 이루고 싶은 꿈을 잘 파악해서 원하는 교육과정을 이수하거나 자격증을 딸 수 있게 시간이나 비용을 지원해 줄 수 있으면 좋고, 직접 그렇게 해주기 어려운 상황이거나, 성장에 강한 동기를 가지고 있지 않은 구성원이라면 그저 조용히 응원하며 '저 사람이 나의 입장을 이해하려고 노력하고 있구나'라고 느낄 수 있는 정도의 배려를 하는 것만으로도 훌륭한 리더의 모습이 아닐까 싶습니다.

> 좋은 직장이란 신뢰와 자부심, 그리고 즐거움을 느낄 수 있는 곳일 뿐만 아니라, 직원들이 성장할 수 있는 환경을 제공하고, 그 성장이 개인뿐만 아니라 직장에도 이익을 가져다주는 곳이다.
> (A great workplace is one where employees trust the people they work for, have pride in what they do, and enjoy the people they work with. But to be truly great, the workplace also has to be a place where employees can grow, and where that growth translates into benefits for both the individual and the company.)
>
> — 라즐로 복(Laszlo Bock)

리더의 어려움 중 하나는 구성원들에게 싫은 소리도 할 수 있어야 한다는 것입니다. 꼭 필요한 말이지만 상대방이 듣기 싫어할까 봐 이야기 못 하고 넘기거나, 다른 사람에게 일을 시키지 못해 본인이 다 짊어져 버린다면 조직의 운영이 어려워집니다. **병원 구성원의 화두는 환자와 달리 '편안할 안'이 아니라 '이룰 성'**이라는 점을 다시 떠올려 봅니다. 그래서 리더의 자질은 '훌륭한 비전을 바탕으로 상대가 듣기 싫어하는 이야기도 부드럽게 전달하고, 상대가 하기 싫어하는 일도 기꺼이 하도록 이끌어서, 원하는 목표를 달성하는 능력'인 것 같습니다. 리더십에 관해서는 좋은 책과 강의가 무수히 많지만 나에게 맞는 구체적인 방법은 각자 처한 상황과 성격에 따라 직접 경험하면서 습득하는 수밖에 없습니다. 그 과정에 어느 정도의 시행착오는 피할 수 없어서 본의 아니게 누군가에게 상처를 주기도 하고 기대했던 성과를 내지 못하기도 합니다. 특히 구성원들은 리더에게 크고 작은 기대를 가지고 있기 마련이라 작은 말이나 태도에도 실망하기 쉬운 것 같습니다. 리더가 구성원들 앞에서 자신의 실수에 대해서 가져야 할 태도를 공자는 이렇게 이야기하고 있습니다.

> 군자의 실수는 일식이나 월식과 같다.
> (君子之過也 如日月之食焉 군자지과야 여일월지식언)
> 실수가 있으면 사람들이 모두 그것을 보고, 실수를 고치면 사람들이 모두 그를 우러러본다.
> (過也人皆見之 更也人皆仰之 과야인개견지 경야인개앙지)

주위 사람들을 파악하고, 배려하고, 이끄는 것이 자연스럽고 즐거운 성향의 리더도 있지만 잠시라도 주의를 기울이지 않으면 금세 '혼자의 세계'로 빠져버리고 혼자 있는 것이 더 편한 내향적인 리더도 있습니다. 가는 길의 풍경, 경로, 이동 수단, 분위기는 리더에 따라 다를 수 있지만 결국 '이룰 성'이라는 목적지가 같다면 어떤 스타일의 여정이 더 좋고 나쁠지 가릴 필요 없을듯합니다. 타고난 성향은 쉽게 바뀌지 않는 것이라 억지로 바꾸려고 하기보다는 자기 성향에 맞는 리더십을 꾸준히 찾고 가꾸는 것이 현실적인 방법이 아닐까 싶습니다.

나답게 살기,
사부주피

어느 분야이건 나보다 뛰어난 사람은 항상 있기 마련이지만 상대적으로 뛰어난 재능이나 좋은 환경을 가진 사람들이 모일 확률이 높은 '의사의 세계'에서 기죽지 않고 살아가기란 쉬운 일이 아닙니다. 명문가 출신에, 훌륭한 학벌, 경제적인 여유, 멋진 외모, 자신감 넘치고 사교적인 성격, 세련된 패션감각, 뛰어난 외국어, 악기, 운동 실력을 갖춘 사람들을 보면 그저 다른 세상 이야기만 같고 스스로 위축되는 느낌입니다. 공자가 살던 시절에도 그런 고민이 있었을까요? 논어에 나오는 이야기입니다.

활쏘기를 할 때 과녁의 가죽을 뚫는 것에 주력하지 않는 것은 사람마다 힘이 다르기 때문이다.

(射不主皮 爲力不同科 사부주피 위력부동과)

이것이 옛날의 궁도이다.

(古之道也 고지도야)

여러 사람이 모여서 활을 쏘다 보면 자연스럽게 겨루기가 될 것이고, 언제부터인가 과녁을 더 세게 맞춰서 가죽을 뚫는 사람이 으쓱해 하며 활쏘기가 힘겨루기에 치우쳐졌을 것 같습니다. 그래서 공자는 "원래 궁도는 각자의 힘에 맞게 하는 것이지 누가 힘이 더 센지 겨루는 것이 아니다(사부주피)."라는 말을 남겼습니다.

'의사의 세계'에서 다른 사람과 힘으로 겨룰 수 있는 것이 무엇이 있을까요? 말 그대로 '근력'이 중요한 경우도 있습니다. 정형외과 인턴 시절 응급실에서, 석고실에서, 수술방에서 열심히 팔다리 당기고 들어봤자 언제나 힘없다고 욕먹는, 세상 쓸모없는 존재였던 기억이 떠오릅니다. 다행히 근력 말고도 다른 힘이 더 있습니다. '연 매출 얼마, 몇 층 건물, 구성원이 몇 명인 병원' 같은 재력, '학회장, 병원장, 총장' 같은 직책, '학술상, 공로상' 같은 명예, '논문 몇 편, 저서 몇 권, 연구비 얼마' 같은 연구 업적, '수술 몇 건' 같은 진료 실적이 대표적인 힘의 예입니다. 숫자나 물건으로 보여주기는 어렵지만 환자, 제자, 동료에게 받는 인정이나 존경도 힘이 됩니다.

'각자 힘에 맞는 나만의 활쏘기', 좋은 말인 줄 알면서도 나도 모르게 주위의 '나보다 힘센 활쏘기'에 자꾸 눈이 갑니다. 전공의 1년차 시절, 오프인 날은 저녁에 병원을 나서서 아무 버스나 타고, 아무 역에나 내려 길가에 앉아서 평범한 사람들의 일상을 부러운 마음으로 지켜보다가 병원 당직실로 돌아와 잠들곤 했습니다. 꼭 전공의 시절이었기 때문이라기보다는 아직은 이룬 것이 적고 방황하기 쉬운 20대의 사회 초년생들이 흔히 겪는 과정이 아니었을까 싶습니다. 하지만 전문의가 되고, 30대가 되어서도 '부러움의 순간'은 끊이지 않습니다. 세상에 논문 잘 쓰고, 발표 잘하고(심지어 영어로), 수술 잘하고, 멋진 외모에, 사교성 좋고, 경제적으로도 여유로운 사람이 어찌나 많은지 학회 모임에 다녀오면 열등감에 빠져 의기소침해지곤 했습니다(물론 그러한 부러움이 '나도 저렇게 되어야지', '나는 더 잘해야지' 하는 좋은 자극이 되기도 합니다).

다행히 40대가 되고, '어느 순간'을 지나면서 그 부러움의 정도가 점점 옅어져 이제는 누가 어떤 연구와 수술을 하건, 어떤 자리에 오르건, 돈을 얼마를 벌건 그저 담담하게 넘기게 되었습니다. 그 '어느 순간'은 물리적인 시간(경력 몇 년 차), 생물학적인 단계(나이 몇 살), 사회적인 수준(재력과 지위)의 개념이라기보다는 아마도 공자가 이야기한 **'나만의 활쏘기'**를 할 수 있게 되는 때가 아닐까 싶습니다. 그때가 언제 찾아올지는 각자의 생각에 따라 달라질 것 같습니다. 누군가는 비교적 빠른 시기에 주위 환경이 그다지 여유롭지 않은 상황에서도 그 시기를 기꺼이 맞이할 것이고, 누군가는 평생 많은 것을 이루고도 여전히 만나지 못할지도 모릅니다. 제 생각에 '나만의 활쏘기'를 하기 위해서는 우선 ① 나의 '출발점'이 되는 능력과 배경을 파악하고 받아들이고, ② 다양한 경험과 어느 정도 현실적인 성취를 이뤄보고, ③ 그 과정을 통해서 나에게 맞는 성공, 행복, 건강, 여유 같은 핵심 가치의 정의를 발견하고, ④ 그 정의를 새로운 경험을 통해 계속 바꿀 수 있는 유연한 자세가 필요한 것 같습니다.

나의 능력
파악하고 받아들이기

폴란드 출신 피아니스트인 크리스티안 지메르만(Krystian Zimerman) 이 젊은 시절 연주한 브람스 피아노 협주곡 영상을 즐겨 봅니다. 화면 속 우아한 그의 모습은 그야말로 그림 같습니다. 야무진 모양의 손은 사뿐사뿐 날아다니며 건반에 착착 감기고 음색은 영롱한 이슬 같습니다. 영상이 끝난 후, 그 여운이 사라질까 얼른 피아노 앞에 앉아보지만 첫 음이 울리자마자 화들짝 놀라며 꿈에서 깨어나 현실 세계로 돌아오게 됩니다. 당연한 이야기지만 역시나 지메르만처럼 피아노를 친다는 것은 저에겐 불가능한 일입니다. 의학의 세계에도 (적어도 옆에서 보기에는) 재력, 직책, 명예, 연구 업적, 진료 실적, 존경을 모두 갖춘 스타들이 있습니다. 학생 시절부터 그 모습을 동경하며 그 사람들처럼 되고 싶다는 생각으로 나름 노력해 보지만 갈수록 자괴감만 듭니다. 그래서 '**나만의 활쏘기**'를 위한 출발은 각자의 신체 조건, 활과 화살의 상태, 그리고 과녁이 '**다르다**'는 점을 받아들이고 나의 능력을 파악하는 것입니다. 그 '다름'에 대해서 공자는 배움의 예를 들어 이렇게 이야기했습니다.

태어나면서부터 아는 사람이 제일이고
(生而知之者上也 생이지지자상야)

배워서 아는 사람이 그다음이고
(學而知之者次也 학이지지자차야)

곤경에 처해서 배우는 사람이 그다음이며
(困而學之又其次也 곤이학지우기차야)

곤경에 처해도 배우지 않는 사람이 가장 어리석다.
(困而不學 民斯爲下矣 곤이불학 민사위하의)

이 이야기의 핵심은 '스스로 배워서 알아가는 태도'와 '곤경을 통해서 배우는 자세'이겠지만 저는 그보다 '태어나면서부터 아는(또는 능력을 가진) 사람이 제일'이라는 말이 더 인상적이었습니다. 의대 시절, 하나라도 더 기억해 보려고 앞 글자를 따서 온갖 유치한 말을 만들어 내고, 상상력을 최대한 발휘해서 연상해 가며 노력하는 사람이 있는 반면, 한번 슬쩍 훑어보고는 모든 것을 완벽하게 외워버리는 사람도 있습니다(타고난 지력). 조금만 무리해도 금방 피곤해지고 손이 떨려 내가 원하는 대로 정확하게 수술하기 어려운 사람이 있는 반면, 체력이 좋고 손이 빠르고 안정적이라 남들이 어려워하는 수술을 쉽게 해내는 사람도 있습니다(타고난 손재주). 여러 번 봤던 환자라도 얼굴과 이름을 잘 기억하지 못하는 사람이 있는 반면, 한 번 본 환자는 언제 만나서 어떤 이야기를 했는지 세세하게 기억해 내는 사람도 있습니다(타고난 눈썰미). 초등학교 고학년이 되면서 영어를 처음 접해보고, 전공의 3년 차가 되어서야 학회 덕분에 외국을 처음 가본 사람이 있는 반면, 어릴 때부터 외국에 자주 드나들어서 외국어를 자유롭게 구사하는 사람도 있습니다(타고난 배경). 학자금 대출과 장학금으로 학사, 석사 겨우 마치고, 전공의 시절에는 생활비 아끼려 병원 외래에서 먹고 자고, 학비 때문에 휴학해 가며 10년 만에 드디어 박사 학위를 따고, 소소하게 동네 의사로 지내는 사람이 있는 반면, 학비 걱정 없이 학창 시절 보내고, 전공의 시절부터 편안한 집에서 지내다 부모님께서 물려주신 큰 병원의 원장으로 커리어를 시작하는 사람도 있습니다(타고난 재력). 그 후광이 영원한 것은 아니겠지만 적어도 경력의 초기에는 '태어나면서부터 아는(가진) 사람'이 훨씬 유리한 조건일 수밖에 없습니다. 그건 노력만으로 극복하기 어려운 것이라 일단 **사람마다 출발점이 다르다는 현실을 받아들여야** 합니다. 그렇다고 그저 실망하고 있을 필요는 없습니다. 다음 단계인 '배워서 아는(노력해서 가지는) 사람'이 있기 때문입니다.

경험하고 성취하기

내가 환자의 마음을 얼마나 센스 있게 파악하고 설득하는지, 수술을 얼마나 잘하는지, 연구에 재능이 있는지, 리더로서의 자질이 있는지 직접 해보기 전에는 알기 어려운 경우가 많습니다. 그래서 가급적 다양한 분야에서(때로는 뜻밖에 찾아온, 예상하지 못한 분야라도) 가급적 최선을 다해서 스스로의 능력을 시험해 보는 것이 좋습니다. 이때 나의 이전 모습이나 주위 시선에 연연할 필요 없는 것 같습니다. 예를 들어, 학생 때 공부가 재미없고, 성적이 좋지 못했더라도 나중에 훌륭한 연구자가 되는 경우를 종종 보게 됩니다. 학생 때의 공부와 연구자가 되고 나서의 공부가 다르기 때문일 수 있고, 그 사이 나의 모습이 달라졌기 때문일 수도 있습니다. 학생 실습 때 수술방의 분위기를 보고 수술은 나랑 맞지 않을 거라 생각했는데 막상 직접 해보면 재미있을 수도 있습니다. 너무 내향적인 성격이라 혼자 조용히 있는 게 좋을 줄 알았는데 병원과 학회의 보직을 하면서 자신도 모르던 새로운 능력과 보람을 찾을 수도 있습니다. 그래서 교수가 꿈이었다면 임상교수를 잠깐이라도 해보고, 연구자가 되고 싶었다면 모든 노력을 쏟아부었다고 이야기할 수 있는 논문을 한 편이라도 써보고, 리더의 역할을 꿈꿨다면 작은 보직이라도 맡아보며 적어도 나 스스로에게 미련이 남지 않게 다양하게, 열심히 경험해 보는 과정이 필요합니다. 그런 여정을 통해 내가 원하는 것과 나의 능력을 더 잘 깨닫게 되고(배워서 아는 것), 자연스럽게 실력, 자격증, 실적, 업적, 지위, 자산 같은 성과도 이루게 됩니다(노력해서 가지는 것). 특히, '나만의 활쏘기'를 하려면 적어도 어느 정도 기능을 발휘하는 나의 활과 화살(현실적인 여건)이 일단 있어야 하기 때문에 경력 초반에는 부지런히 성과를 쌓는 것이 중요합니다.

나만의 가치관 찾기

경험과 성취의 과정을 거치다 보면 시행착오를 통해서 내가 원하는, 나에게 맞는 과녁을 자연스럽게 찾게 됩니다. 나의 과녁이 뚜렷해지면 다른 사람이 어떤 과녁에 어떻게 활을 쏘건 더 이상 신경 쓸 필요가 없어지게 됩니다. 그러면 그간 열심히 달려온 '길'이 더 이상 같은 거리를 누가 더 빨리 지나가는지 겨루는 **'경기장 트랙'**이 아니라 각자의 방향과 빠르기로 가는 **'여행길'**에 가까워지고, 활쏘기도 '힘겨루기'에서 벗어나 '나만의 활쏘기'에 도달하게 됩니다. 예를 들어, 내가 '자리'에 맞지 않다는 것을 경험을 통해서 깨닫게 되면 다른 사람이 어떤 '자리'에 오르건 관심이 없어지고, '연구를 즐기는 생활'을 추구하겠다는 나만의 방향이 생기게 되면(내가 원하는, 나에게 맞는 '즐거운'과 '연구'의 의미를 정의할 수 있게 되면) 대학에 있지 않아도, 교수가 되지 않아도 지금 상황에서 활용 가능한 주제와 재료로 실적이나 연구비 압박에서 벗어나 다른 사람과 상관없이 나만의 연구를 즐겁게 이어갈 수 있습니다.

그래서 '좋은 의사', '성공', '행복', '여유(시간적인, 경제적인)', '건강' 같은 핵심 가치들을 가급적이면 구체적으로(명확한 단어나 숫자로), 근거를 가지고(evidence-based), 스스로(다른 사람의 생각이 아닌) 정의할 수 있으면 좋습니다. 예를 들어 '시간적인 여유'에 대해서 막연하게 '시간이 많은 것'으로 생각하기보다는 '나의 성장이나 즐거움을 위해 사용할 수 있는 시간이 일주일에 몇 시간 정도', '아이와 함께 보내는 시간이 하루에 몇 시간 정도', '가족과 함께 여행을 갈 수 있는 날이 한 달에 며칠 정도'라고 구체적으로 정리할 수 있으면 좋습니다. '경제적인 여유'라는 가치에 대해서도 막연하게 '(누구만큼) 부자'라 생각하기보다는 '지금 나의 경제적인 사정을 고려해서 몇 세에 어느 정도, 어떤 형태의 자산을 가진 상태'라는 구체적인 목표와 정의가 필요합니다. '건강'도 그냥 '크게 아프지 않은 것' 보다는 '체질량지수 얼마, 체지방률 얼마, 팔굽혀펴기 몇 개, 달리기 기록 몇 분' 같은 구체적인 목표를 바탕으로 나에게 맞는 정의를 찾아봅니다. '성공'을 생각할 때도 '눈에 보이는 지위나 업적' 대신 '마음의 상태'를 바탕으로 이렇게 정의한다면 굳이 다른 사람의 길이나 과녁에 신경 쓸 필요 없어집니다.

성공은 마음의 평화이며, 마음의 평화란 도달할 수 있는
최상이 되기 위해 최선을 다했음을 아는 데에서 오는 자기 만족이다.
(Success is peace of mind that is the direct result of self-satisfaction
in knowing you did your best to become the best
that you are capable of becoming.)

– 존 우든(John Wooden)

유연한 마음

　예전에는 그 음악, 그 음식이 그렇게 좋았는데 시간이 흐르고 보니 시큰둥해지기도 하고, 반대로 예전엔 관심 없던 음악과 음식이 세월이 흐르면서 좋아지기도 합니다. 활쏘기도 마찬가지라 예전에는 크고 강한 활로 두꺼운 과녁을 뚫는 것이 재미있었는데 시간이 흐르면서 작고 부드러운 활로 얇은 과녁을 정확하게 맞추는 것이 좋아질 수도 있습니다. 예전에 극도의 긴장감 속에서 해내는 어려운 수술에서 성취감을 느꼈다고 평생 그렇게 지낼 필요 없고, 수십 년 전에 스스로 정한 '건강'의 기준을 세월이 흐른 뒤에도 그대로 고집할 필요 없을 것 같습니다. 그래서 시간이 흘러도, 환경이 변해도 지속할 수 있는 '나만의 활쏘기'를 위해서는 스스로 만든 틀(사람들에게 보여지는 나의 이미지, 나의 역할, 나의 취향, 내가 찾아낸 가치관)에 얽매이지 않는 유연한 마음이 필요합니다. 저도 아직 시도해 보지는 않았지만 언젠가 기회가 된다면 지금까지 해온 일과 완전히 다른 새로운 분야에 몰두해 보는 것도 좋은 경험이 될 것 같습니다(의대생과 의사로 수십 년을 살아온 사람에게 의료 말고 새롭게 빠져볼 만한 분야가 뭐가 있을까요? 창업? 여행작가? 예술가? 저는 사람 말고 다른 동식물에 대해서 공부해 보고 싶습니다). 실제로 의사이지만 본업보다 오히려 작가, 사업가, 음악가, 감독 같은 다른 역할로 더 알려진 사람들도 많습니다. 공자도 이렇게 이야기했습니다.

군자는 그릇에 갇혀서는 안 된다.
(君子不器 군자불기)

"군자불기"를 글자 그대로 해석한다면 '그릇이 아니다'가 됩니다. 여기서 이야기하는 '그릇'은 우리가 흔히 이야기하는 '사람의 그릇'과 비슷한 의미로 '어떤 존재의 크기나 용도'를 뜻하는 것으로 보입니다. 그러니 "군자불기"는 '훌륭한 사람은 지금까지의 역할이나 스스로의 생각에서 벗어날 수 있어야 한다'는 뜻으로 받아들일 수 있습니다. 더 나아가 "군자불기"에 "사부주피"를 합한다면 **'나만의 활쏘기를 하기 위해서는 지금까지의 경험이나 생각에 매이지 않는 유연한 마음을 가져야 한다'**고 생각할 수 있을 듯합니다.

이야기를 마치며,
일이관지

　결국 이번 이야기는 '좋은 의사'의 출발점이었던 '유연한 마음(편안할 안)'으로 돌아와 마무리하게 되었습니다. 이기적으로 들릴 수도 있지만 저는 세상이 어떻게 변하건 꼭 지켜야 할 첫 번째 가치가 '나의 행복'이라 생각합니다. 그래서 좋은 의사, 좋은 스승, 좋은 연구자, 좋은 봉사자, 좋은 경영자의 출발은 모두 **'내가 행복한'** 이라는 말을 앞에 붙이는 것입니다.

　'행복한 나'를 위해서 꼭 필요한 것이 공자가 강조한 '충(실력을 갈고닦아 스스로 편안해지기)'과 '서(다른 사람을 편안하게 해주기)'입니다. 꾸준히 공부하고(위기지학), 실력을 키워(극기복례), 공감과 이해(공감할 서)를 통해 나도 주위 사람도 모두 편안(편안할 안)해지고, 각자 원하는 바를 이룰 수 있는(이룰 성) 세상이 되는 데 기여하는 것이야말로 '좋은 의사가 되는 길(수기이안인)'이자 논어의 핵심이 아닐까 싶습니다. 그래서 '좋은 의사'가 되고자 하는 사람이라면 **'충과 서'**를 어떤 상황에서도 적용할 수 있는 생각과 행동의 밑바탕으로 삼아도 좋을 것 같습니다.

어쩌면 빠르게 변하는 세상이 혼란스러워 보이는 것은 보이는 것에 현혹되기 때문일지도 모릅니다. 오히려 세상의 바탕이 되는, 변하지 않는, 정말 중요한 것은 눈에 잘 띄지 않는 경우가 많습니다. 마치 가끔 찾아오는 화려한 불꽃놀이는 멀리서도 선명하게 보이지만 우리가 사는 공간을 언제나 가득 채우고 있고 몇 분만 없어도 살 수 없는 공기는 막상 존재감을 알아차리지 못하는 것처럼. 그래서 이번 이야기는 **'변하지 않는, 모든 생각과 행동의 바탕이 되는, 단 하나의 이치**(일이관지)'에 관한 공자와 증자의 대화로 마무리하고자 합니다.

공자가 증자에게 "나의 깨달음은 하나의 이치로 모두 통한다."고 하자
(子曰 參乎 吾道一以貫之 자왈 삼호 오도일이관지)

증자가 "네 그렇습니다."라고 하였다.
(曾子曰 唯 子出 증자왈 유)

공자가 나가고 나서 사람들이 증자에게 "공자가 뭐라고 이야기했습니까?"라고 묻자

(子出 門人問曰 何謂也 자출 문인문왈 하위야)

증자가 사람들에게 이야기하길 "스승님의 가르침은 충과 서일 뿐입니다."라고 하였다.

(曾子曰 夫子之道 忠恕而已矣 증자왈 부자지도 충서이이의)